超级吸金体

The Money Is Coming
Your Guide to Manifesting More Money

［英］莎拉·阿克维索姆（Sarah Akwisombe）/ 著

朱玉　田明刚 / 译

中信出版集团 | 北京

图书在版编目（CIP）数据

超级吸金体 /（英）莎拉·阿克维索姆著；朱玉，田明刚译. -- 北京：中信出版社，2022.8
书名原文：The Money Is Coming: Your Guide to Manifesting More Money
ISBN 978-7-5217-4485-9

Ⅰ.①超… Ⅱ.①莎…②朱…③田… Ⅲ.①经济学—通俗读物 Ⅳ.① F0-49

中国版本图书馆 CIP 数据核字（2022）第 101740 号

THE MONEY IS COMING BY SARAH AKWISOMBE © 2020
Simplified Chinese language edition published in agreement with David Luxton Associates through The Artemis Agency.
Simplified Chinese edition copyright © 2022 by CITIC Press Corporation
All rights reserved
本书仅限中国大陆地区发行销售

超级吸金体
著者： ［英］莎拉·阿克维索姆
译者： 朱玉 田明刚
出版发行：中信出版集团股份有限公司
（北京市朝阳区惠新东街甲 4 号富盛大厦 2 座 邮编 100029）
承印者： 北京诚信伟业印刷有限公司

开本：787mm×1092mm 1/16　　印张：13.5　　字数：137 千字
版次：2022 年 8 月第 1 版　　　　　　印次：2022 年 8 月第 1 次印刷
京权图字：01-2020-6640　　　　　　 书号：ISBN 978-7-5217-4485-9
定价：59.00 元

版权所有·侵权必究
如有印刷、装订问题，本公司负责调换。
服务热线：400-600-8099
投稿邮箱：author@citicpub.com

这本书是写给玛丽（Marley）的，你在我写作的过程中，一直为我加油鼓劲，同时也是写给你的小妹妹米娅（Mia）的。现在，你们两个还太小了，用不上这本书。但在你们的成长过程中，这本书可以帮助你们成为非凡的女性。我相信，你们一定行！

爱你们的妈妈

序言

迟早你会知道，管理金钱其实更多的是在更深层次地管理你自己，而不是管理真正的钱。

我相信你一定读过许多关于"显化理财"的东西，因为过去几年这个概念挺流行的。但是我发现了一个问题，许多看似神奇的、令人难以捉摸的理财方式都没有讲解自我管理的深层要素，而具备这些要素才能改变你对金钱的态度。

我很骄傲，莎拉在这本书中讲解了自我管理的深层要素。她是真正的领袖，生性聪慧。这本书正是当今世界所需要的。在人类的进化过程中，现在正是将有梦想和远见的理财方式与更深层次的自我发展以及实用性相结合的时候。迄今为止，我已经和莎拉合作了好几年，这是多么神奇的转变。我和他人合作时最喜欢的部分就是目睹合作者变成更厉害、更令人惊叹的鲜明角色。

我记得我们的第一次谈话。尽管刚开始莎拉不太愿意"说实话"，但她有魄力去真正改变她的固化思维。她知道有更深层次的东西阻挡了她前进的步伐。

让我们再重复一遍：

有更深层次的东西阻挡了她前进的步伐。

老天啊，这个姑娘脑子里充满了大大的梦想！

我们一同解决了许多这类深层次的障碍：各种人际关系，消极的金钱观，她曾经参与过的有关理财的对话，性格过于谦卑，不敢承认自己真正想要的，没有勇气提出自己的合理要求，甚至在点菜的时候也是如此。

告诉你，这个姑娘她变了！她逼自己走出舒适区，开始系统地革新工作。相信我，刚开始的时候，你会觉得自己蜕了一层皮，然后每天去适应自己的新生皮肤。这的确会令人不太舒服，甚至是很不舒服，但蜕变带来的是革命性的转变。它会真正地改变你的生活，如同改变莎拉的生活一样。

不到1年，莎拉就发信息告诉我，她已经有6位数营业额的公司了。她遵照自己的心意，捐款支持慈善机构和项目，也因此变得容光焕发——就好像她真的明白了一切皆有可能的道理。可能性真的是无限的。

莎拉已经把自我管理的技巧融入生活，知道如何化不可能为可能。这就像看着一棵树长出枝丫，变得枝繁叶茂，然后绽放出美丽芬芳的橘黄色花朵一样。

和莎拉一起工作时，我们一直把平衡全球金融体系当作自己的使命，但是除非我们都能增加自己的财富，否则这是不可能实现的。把更多的钱交到心地善良的人手中，这样同情心和同理心将真正改变这个世界。

这本书将改变你的生活，转变你的思维方式并改变你的行为模式。如果我是你，我就会准备好迎接即将到来的机遇。如果你想要赚更多的钱，那你就做好收获财富的准备，因为，这么跟你说吧——你的金钱就要滚滚而来了！

你有能力做任何事。

珍·麦克法兰（Jen MacFarlane）

目录

引言 开始吸金之旅吧 / 1

我的显化理财之旅 / 8

5 000 英镑啊 / 12

开始你的吸金之旅吧 / 15

第❶章 你已经被固化了

——但你对此一无所知 / 17

家庭 / 21

媒体 / 25

人际 / 27

文化 / 29

破解你的金钱编码 / 30

第❷章 你在自欺欺人 / 33

你的想法、语言与你的目标并不一致 / 35

别人怎么花钱，与你无关 / 39

第❸章 你知道自己要什么 / 47

自信等于成功 / 50

勇气与信心 / 57

让自己得到想要的 / 61

宇宙可以听到你的声音 / 65

第❹章 重组你的大脑 / 67

使用积极语言 / 73

接受赞美 / 82

第❺章 建立"吸引"金钱的观念 / 85

巧合和共时性 / 89

吸引好运还是厄运 / 93

你的观点影响你获得金钱 / 95

改变你的消极金钱观 / 97

第❻章 开始行动 / 105

视觉想象 / 108

如何练习视觉想象 / 110

光靠视觉想象是不会成功的 / 115

第一步法则 / 116

采取灵感行动 / 120

第 7 章 不执的艺术 / 125

通过不执吸引金钱 / 129

避免绝望 / 134

找到界限 / 135

不要遵循逻辑 / 139

学会释怀 / 141

第 8 章 富有是一种心态 / 143

如何在匮乏情景下模仿 / 146

我们模仿时究竟会发生些什么 / 150

模仿催化梦想 / 152

优先做事 / 158

迅速模仿法 / 160

第 9 章 学会说"不" / 163

关一扇门，开另一扇门 / 166

说"不"帮助每个人各得其所 / 171

你的价值和他人无关，你的价值由你决定 / 172

如何爱自己 / 173

说"不"的小技巧 / 175

好事将临 / 176

第⑩章 不破不立 / 179

　　如果朋友不理解你 / 182

　　如果伴侣不理解你 / 186

　　如果家人不理解你 / 189

　　别人是怎么渡过难关的 / 190

后记　金钱滚滚而来 / 195

引言

开始吸金之旅吧

金钱，是一个宏大、复杂而又沉重的话题。在社会生活中，在我们对成功的概念里，在我们如何评价自己作为人这一问题上，金钱都扮演着极为重要的角色。它可以造成伤害，引发贪婪和悲伤；但另一方面，如果使用得当，它可以让生活变得更美好。

你之所以选择了这本书，是因为你想要改变现状，让我来提供一些帮助吧。但是，可能不是按照你所期待的方式来帮助你。

财富会受到我们思维模式的影响，而且受影响程度比大多数人所意识到的都要深。我认为，当涉及钱的时候，有一些颇为神奇的、精神上的东西会产生——如果，你保持乐观的话。你可能曾经听说过，这种精神力量被称为吸引力法则或显化法则。

吸引力法则，是指思考某件事并将其记在心里，然后在现实生活中将其付诸实践或应用，最终实现自己的目标。在这本书中，我们将关注如何在生活中使用吸引力法则收获更多金钱。

吸引力法则认为：一个人如果思想积极，就会吸引积极的事物到其现实生活中去；同样，消极的想法就会吸引消极的东西。

你可以看到显化法则和吸引力法则是如何起作用的，因为它们两者都是利用人的思维在现实生活中创造效益。

在本书中，我将论述涵盖心理和精神两个层面的金钱观，并分享一些简单的实践活动和练习方法。大家可以每天练习，培养出更积极的金钱观，从而打开自己，获得更多的财富。

虽然我很喜欢人世间的奇迹和好运自然来的事情，但归根到底，我的大脑还是深深地信任逻辑，我相信大多数读者也是如此。我不是总能理解那些"神奇"的东西，除非它包含了对我来说有意义的心理学上的合理成分。同时，我是一个来自英国南部、讲话直率的姑娘。我要的是事实，不是胡扯。

所以可想而知，当我坐下来准备写一本把实践和心理学相结合的、关于金钱观的书时，我深知这将是一项艰巨的任务。毕竟，我本身就是个多重矛盾的聚合体。一方面，我需要看到证据来相信某事；另一方面，一些偶然发生的、传统意义上完全无法解释的事情又让我不知所措。我有种信念，这是宇宙的力量。这让我怀疑一切我知道的事物。

但是，我意识到人性具有多面性。不是所有事都是非黑即白的，人类对已知和未知的事都一无所知。重要的是，我们要解放思想并意识到：有时候，同时持有两种对立的想法或信念是完全正常的。

在这本书中，我想让关于金钱和显化理财的想法变得有意义，读者应当放飞思想去思考新途径，并质疑一切。

我读过很多关于显化理财和吸引力法则的书。我觉得这些书的论述都遗漏了一个关键点：这些理念究竟是如何发挥作用的？

其中有一本书让我兴奋了一阵。读完此书，我立刻觉得，我肯定会赚到更多的钱并高兴好几天。但是一旦我遇到挫折，这种好感觉就会消失。当你深陷财务危机时，比如时常冒出来的账单、节节攀升的债务、买不起的东西，你就会感觉自己永远无法掌控一切，挫折感就会涌上心头。

我花了一段时间才找到其中的原因，更重要的是，我明白了它为什么是原因。

我的外祖母是名私人顾问，我母亲也是。虽然多年来我一直抗拒这一点，但是我不得不相信，成长过程中发生的事会对一个人最终成为怎样的人产生巨大影响。虽然我自己绝对没耐心去做一名私人顾问（坐那儿听别人说话，自己却不能自由地发表意见，这对我来说是一种折磨），但我的确很尊重顾问以及心理治疗师的工作。所以在本书中，你会发现一些浅显的心理学理论。我不会假装我对每一个理论都了如指掌，但我会尽全力，通俗地阐述我所理解的意思，以及为什么我认为这些理论与财富增长之间存在联系。

我也是个科学迷。我喜欢去了解事物运行背后的科学原理，因为科学追求论证过程和证据，所以我要是发现有科学理论或研究可以证明某个观点，我就会与他人分享，但我不会胡编乱造。

你看完了这本书就会明白，这本书并不是要求你要做些什么，而是鼓励你去探索有关财富的更深层次的领域。其中有些部分是科学层面的，有些部分是精神层面的。

最后要说明一下，在本书中我会大量使用"宇宙"（universe）一词。拜托不要因为这个就放弃这本书！对这个词的理解很可能因人而异。对有些人来说，它可能是上帝，可能是直觉，可能是意识或思维模式，可能是精神向导，或者可能是住在森林里毒蘑菇下的仙女。无论是什么，只要它对你有用就可以！"宇宙"只是一个我喜欢用的词而已，我觉得它无所不包。所以，你要是看到了我用"宇宙"一词，可以自行解读它的含义。

自从开始了我的显化理财之旅，我的整个思想体系和财务状况都发生了变化。这也是我希望在你身上会发生的事。因为你要是银行卡里有一大笔钱，你也不会拿起这本书了。

下面就是一些我开始研究显化理财以来所做的很棒的事情。

- 我从年收入仅仅 1.8 万英镑，苦苦挣扎着支付账单，到现在，创立了一家营业额高达 6 位数的公司。
- 我丈夫不用工作了。
- 尽管年复一年地被告知这是不可能的，但我们还是成功买下了心仪的房子。
- 我拥有了一些梦寐以求的东西，比如名牌服饰、定制款厨房，还实现了出国的愿望。我不想骗你，其中一些是靠我"网红"的身份赚来的。但是，有些事情就是太巧合了，你还会在后面读到这些故事。
- 从前我和朋友一起去餐厅吃饭会感到焦虑，因为害怕结账时刷不了卡，只敢点菜单上最便宜的东西并且只喝白水，而现在，我可以点菜单上任何我想吃的东西，甚至都不看一眼价钱。

这些变化看起来像是我乐于享有特权甚至显得异常轻浮。我知道我现在过得不算太糟糕。有些人正处于与我截然不同的生活处境中，他们的起步要落后得多。不论你处境如何，我真心希望这本书可以给你带来希望,并给你一些指引。

大多数人都在某些时刻经历着来自金钱的焦虑和压力。不管你的银行卡里有多少钱,如果你没有积极的金钱观,你还是会倍感压力。金钱在我们社会生活中就是这样一个大问题。据我所知,有些比我更有钱的人,他们还在与金钱观不断抗争。

积极的金钱观更多地在于你是如何想的,而不在于你银行卡里有多少钱。以下是我开始调整我的金钱观以后所发生的最重要的变化。

我不再笃信金钱使人变坏。 我认为金钱是一个工具,不论出于什么目的去使用它,我们都可以激活它。坏人——坏企图,好人——好企图,但金钱本身没有任何企图。

我不再笃信有钱人都是贪婪的。 我所见过的一些最乐善好施、宅心仁厚、慷慨大方的人,都是有钱人。我见识过金钱可以为社会做出的壮举,这也是我写本书的目的。

我不再笃信金钱是男人的游戏。 即便不比男性更有能力,女性也同样有能力让金钱为自己服务。她们更容易信任他人。我认识到更均等地平分权力的重要性,但权力通常被包裹在金钱里,而金钱又常常为男性所掌握。我认为更多的女性应该掌握财富,这样我们才能在现阶段所做的决定中,扮演更重要的角色。我对这件事抱有极大的热情,这也是为什么我要竭尽全力传播这些理念。这并不是因为可以让女性走出家门,购买漂亮的包(尽管我对此一点儿也不反对),而是因为金融世界是基于现金流运行的。所以,姐妹们,我们要更有钱。我们女性应该和男性伴侣平起平坐,应该为自己也为孩子做更多的财务决策。仅此而已。

最重要的是，我几乎再也不会为金钱感到焦虑。 实话实说，这就像卸下了我肩头的重担一样，我现在可以尽情享受生活，而不是为了满足基本生存需求而奔波。我花了 3 年时间才走到今天这一步。而且，我感觉还只是刚刚起步而已。

这是一件大事，但是并不难，几个星期你就可以学会。

在正式开始讨论之前，我想先告诉你，我是怎么开始的。我是如何遇到一位女士，她改变了我的思想，指导我扩大学习范围，帮我从一个工资勉强够糊口的打工族变成一个成功创业的企业家。

我的显化理财之旅

28 岁那年，我的孩子 1 岁了，我在一家在线商务平台做全职的内容编辑。这份工作使我成为家里的"顶梁柱"。我丈夫在一家保险公司的法务部上班，他把工作时间缩短到每周 3 天，这样就可以有更多时间照顾我们的女儿。这要比我们都去全职工作，然后请保姆看孩子划算得多。

一切似乎都进行得很顺利：我年收入 4 万英镑，这是我工作以来拿到的最高工资。每周我们都会有点儿闲钱，足够给女儿攒些钱，以及外出犒劳自己一顿不错的晚餐。我们有一套属于自己的公寓，还在交房贷。我们可以根据自己的喜好，慢慢地重新装修布置——我一直都很喜爱室内设计。就这样我们过了一年半左右，日子似乎在努力支付账单中慢慢好转。我们的家庭债务正在逐步减轻。除了我那糟糕至极的工作环境外，我还是挺喜欢那份工作的，而且我做得游刃有余。岁月静好。

直到有一天,我被莫名其妙地解雇了。当时,我正在休年假,休假的第一天就收到了一封紧急来信,要求我一小时内亲自去见老板。那种感觉奇怪得很。

"究竟什么事要我在假期第一天,就亲自去见老板?"我问我丈夫。我们都有点不祥的预感。

我和公司的首席执行官之间曾有过摩擦,除此之外,我还怀疑公司的财务状况不佳,因为我被拖欠过好几次工资。坦白来讲,当时的我真的有些自以为是。我现在知道了,我是个糟糕的员工,因为我不服管。我拿着最高的工资却一点儿也不愿意屈服。每天下午一到5点,我就像屁股着火一样跑出办公室。要是下午5点发来了一封邮件,需要我在办公室再待几个小时加班,我只会假装没看见,然后赶紧回家。公司又不付加班费,我为什么要留下来?我还有个小乖乖女在家等妈妈呢。正如我所预料的,我被踢出公司了。

这次见面之后,我收到了一个信封,然后就被告知,可以"走人了"。公司辞退我的理由是公司财务状况不好,要撤销我的岗位。

回家的路上,我有些茫然。我惶恐不安,尝试着往更积极的方面去想,从我被解雇中找到好的一面。但我没法欺骗自己,当时我吓坏了。失去我的工资来源,家庭的年收入就会下滑至不到1.3万英镑——我必须要去赚钱,而且要快。

在做这份网站内容编辑工作时,我自己还开了一个专门讨论室内设计的博客。我真心喜欢室内设计,觉得可以把它当成职业。基于我过去的创业经历(一次是录音师,一次是化妆店老板),我意识到如果能在网上建立一个品牌和社区,就有机会开启一份自由职业或创业。被公司解雇的当天,我把这次失业看作宇宙给我的一个启示,我要开始全职经营我的博客。我一直在和一些品牌合作,也做了一些有报酬的兼职工作,现在是时候开始全力以赴了。

几个月之后,生活似乎一切正常。但我说的"正常"是指全家勉强维持在温饱线之上。我们有到期付不了的账单,每个月都竭尽全力地保持收支平衡。但我们没有一分余钱,这真是糟透了!为女儿积攒教育金的事也被无限期地搁置了。我都快30岁了,但是30岁并没有像我想象的那样成为人生意义重大的里程碑。我觉得自己简直一败涂地。

青春年少时,我曾经展望过自己的30岁:有好几套房子,成家立业,有花不完的钱,什么时候想度假就立刻出发。我想象着这个女强人,手拿着香奈儿的包,对着电话果断地发号施令,一旁还有人为她泡咖啡。

我看过朗达·拜恩的《秘密》(*The Secret*)。我给自己做了一本梦想图册,描绘着我想在生活中实现的人生目标。在图册中,我为自己制作了一个心愿板,贴上了那些振奋人心的成功女性形象,以及我想拥有和体验的东西。汽车、家具、房产、度假、时装——都在其中。在图册的第一页,我写了一句话送给自己:"本图册谨献给我到30岁时成为百万富翁的心愿。"

当我回想起自己设定的30岁人生目标时,我笑了,这和我失去4万英镑的年薪后,每天面对的金钱问题差了十万八千里。这种差距让我心里很不舒服,我开始为自己辩解。我向朋友自嘲我永远不会富有,讽刺那些有钱人爱炫耀。"谁会花2 000英镑就为了买一个包?!"我和朋友在吃晚饭时经常这样批判,我们都笑了。但是，这正是长久以来我所标榜的成功时的模样。

当时，我根本不可能在 30 岁时成为百万富翁。之所以不可能实现，是因为那时我的生活状态和言论都完全背离了自己的意愿。我内心已经失去了平衡，甚至连我的思想和行动都是自相矛盾的。

花了大概 1 年的时间，我们的小家庭才恢复元气。

最好的时候，我从自由职业和博客合作都能小小地赚上一笔钱。这个理由已经足够支撑我全身心投入我的工作。我成为自由职业者，可以维持生计。我很快了解到，那些在社交媒体上关注我的许多女性也希望成为独立的自由职业者。通过我的博客，我建立了一个人数不多但关系密切的在线粉丝群，很快就有人问我，我的"成功秘诀"是什么。

"你是怎么做到的?"他们问。

"因为我没有选择的余地!"我回答道。

失业就意味着你要继续干下去。也许我先前的音乐事业和科技创业公司的经历给了我一个内在的优势。我开始把我所学的东西分类，并把它们整理出来。

有一天，我忽然意识到我可以把这些材料整理成一门课程，然后进行网上教学。在先前的另一份工作中，我曾经教过孩子们音乐制作，所以我知道我的教学技能还不错。我花了些时间写了一个课程大纲，内容涵盖了我所学过的所有关于经营博客并以此为生的知识和技巧。当然，依靠博客无论如何也不可能赚上几十万英镑——但是足够维持生活，而这似乎就是我的女性关注者想要的。她们只是想做自己喜欢的事来谋生。这只是一个简单的需求，但是多年来似乎都很难实现。

我写好课程大纲后，立马创建了一个定价为69美元的贝宝（PayPal）链接（相对于我投入的时间和精力来说，这个价格太便宜了，我们稍后会在书中讨论这一点——详见本书第8章），然后把链接发布给我社交媒体上的粉丝和我的博客读者。我晚上8点左右发布，随后我关掉了笔记本电脑，看了会儿电视就上床睡觉了。

第二天早上醒来，我收到了一堆贝宝的通知信息。一晚上时间，我赚了接近5 000英镑。

5 000英镑啊，朋友们！

5 000英镑啊

这是我白手起家赚得最多的一笔钱。我彻底震惊了。

几天后，我关闭了课程申请和付款，总销售额高达1.3万英镑。这些收入仅仅是来自一个甚至还没有真正编写好的课程大纲。

我完完全全惊呆了。

这使我对金钱的态度第一次发生重大转变。这次转变，我明白了以下3件事。

1. 赚钱可以很容易。
2. 我可以靠做自己喜欢的事赚钱。
3. 我爱惨了这种感觉！我想要更多！为什么我过去要假装满足于现状？

我觉得我的整个世界都变了,整个人都被点亮了。

在那个时刻,我突然意识到我一直在欺骗自己。我自欺欺人是出于悲伤,出于一种不甘人后的绝望,出于想融入那些同样在经济上苦苦挣扎的同龄人的社交愿望,出于否认,出于痛苦,出于沮丧。然而,我同样是在阻止自己实现财务自由,阻止自己变得更有钱,阻止自己享受财富带来的快乐。

快30岁了,我赚到了人生的"第一桶金",我当时就立誓:一切都会改变的。我再也不会欺骗自己了。

我去哪儿找个能帮助我解决问题的人呢?当然我可以找商业导师。但是我现在的情况比较特殊:这纯粹是金钱观的问题。我该去哪儿找呢?

我去了大多数聪明人都会去的地方——互联网。我浏览了脸书(Facebook)上众多商业团体中的一个,写下了我的第一个留言。我以前只是个沉默的浏览者。我想,反正这些人都不认识我,于是我公开了我的留言。

"'我'讨厌破产。我意识到,我和我的家人应该拥有更广阔的天地。对于这种平庸的日子,我不想再得过且过了。我希望金钱能帮我实现一切梦想,让我能给予家人我一直渴望给他们的东西。我意识到,自己才是问题的关键,我的思维方式有问题。但帮我渡过难关的人在哪里,有谁知道?哪里可以找到有关财富显化的教练?"

我觉得心里很痛快。这是我第一次和别人说(或者是打字告诉别人)我有这样的感觉。这是我第一次承认自己的真实想法,甚至对我自己如此坦承也是第一次。

几秒内,我的网络就频繁地掉线了。留言里突然出现了几十个教练,每个都想成为我的朋友。"我可以帮你!""我太成功了!"等等。他们过于热情,我被迫下线。我仿佛看到了一群抢食的鲨鱼,他们把我当成了一块新鲜的肉,并准备扑上来享用。他们说的内容都差不多。我的心情有些沮丧。他们所有的反应都加深了我的体会:只要提到钱,每个人都想分一杯羹。

几个小时后,我的脸书收件箱"叮"地响了一声。一位叫珍·麦克法兰的女士发来了留言。她的网名为"金钱媒介"。

> 嗨,莎拉!这是我的专长!我刚出版了本书叫《思想创造跳跃》(*Think Create Jump*)。这本书是关于克服思维局限性的。首先,你要了解自己的思维方式;然后,我们再学习重塑思维方式的技巧!如果你真的想打破束缚,我很乐意和你进行一次免费的Skype通话。

等等。

免费的Skype通话?当然可以啊!从来没有人提供过这些东西给我,也从来没有人花时间私下给我留言。我想我还是试试吧,反正也不会损失什么。

没过几天,我就和珍通了第一次电话。我们俩在某些方面迥然不同。我们住的地方相隔七千多公里,我在繁忙的伦敦,周围是摩天大楼;她在加拿大的班夫,四周是白雪覆顶的群山。珍谈论的是晶体、能量、共鸣和宇宙;我说的是逻辑,以及有怎样意义的事物才能让我相信。

然而,除了这些差异,我们俩一拍即合。

珍跟我一样，她也经常赌咒发誓。她知道我不能马上信仰水晶修行并开始唱诵圣歌，她尊重我这一点。她很容易相处。她没把自己看得太重（我就需要这个）。她热情友好，我觉得可以相信她。她让我敞开心扉，说出我从未和任何人提起过的事情。我觉得我可以对她坦诚相待，而不必摆出一副挖苦、轻蔑的神气。

我有一种感觉，和珍一起工作再加上阅读和学习，我能找到关于显化理财的所有信息，我可以由此改变我的生活。

事实证明，我的决定是对的。我想要告诉你，我是怎么做到的，并向你展示，你也可以做到。

后来，我和珍成为好朋友。我们甚至还一起创建了一个有关显化理财的在线课程，大获成功。

开始你的吸金之旅吧

在本书中，我将分享"10步法"帮助你改变金钱观和赚钱方法。

我几乎可以保证，如果你按照这个方法，自然而然地就会对自己的财务前景感到兴奋。即便你银行卡里的实际存款额保持不变，你的生活也会更加丰富，更加充实。

但是我觉得你的存款肯定会变的！

转变思维一点儿也不容易，尤其是当你成长在一个工薪家庭。你的朋友和家人很有可能会认为你是个疯子，或者时不时给你来个"当头棒吓"，想让你看清现实。他们的初衷是好的。在吸金的旅途中，"伤亡"是不可避免的。但是如果你真的——我是指严肃认真——想要改变你的财务前景，你就必须独立自主，并且真真切切地经历一些令人不适但可以宣泄情绪的过程。

因为在你赚钱之前,你必须成为那种能赚钱的人。

准备好了吗?系好安全带。这将是场冒险。

第 **1** 章

你已经被固化了
——但你对此一无所知

从我们出生的那天起，我们就开始感受周围的世界——景象、气味、颜色、声音。我们记住什么是危险，什么伤害了我们，我们也很快就能了解谁站在我们这边。我们记住谁会保护我们不受伤害，保护我们不受毁灭性打击。

我们都听过"社会环境"（social conditioning）这个词，根据维基百科的定义，它是：

> 社会训练一个社会中的个体以一般社会和社会中同龄人普遍认可的方式做出反应的社会学过程。这个概念比社会化的概念更为强烈，它包括了规范、习俗和意识形态的继承过程。[1]

简单来说，就是我们可能继承了"没用的东西"——也就是人们认为"正常"的观念。我们从父母、祖父母以及我们身处的

---

[1] 资料来源：https://en.wikipedia.org/wiki/Social_conditioning。

社会中继承了这些观念。我们也会无意识地受到周围事物的影响，比如朋友说的话或新闻里的消息。如果回想一下小时候父母的金钱观，那很可能会对我们现在看待金钱的方式产生很大影响。

我们需要改变消极的金钱观，打破这种社会环境下的固有思维，这样才有可能改变我们的经济状况。我想告诉你，你认为你知道的，可能并不是这个世界真正发生的事！

打个比方吧，我们每个人心里都有一张"世界地图"，但是不同的人心里的地图也不同。人们内心的"世界地图"可能千差万别，以至于大家常常会意见相左。

你需要了解自己的"世界地图"，并且了解要怎样自我调整才能改变自己的思维方式。在改变金钱观时，你需要了解自己计划里的财务要素。

消极的金钱观可能包括：

- 我干这个，一年最多可以赚……
- 钱是万恶之源。
- 有钱人都很蠢。
- 金钱操控了我的生活。

消极的金钱观是指任何阻碍你喜爱金钱、赚更多钱或享受财富的东西。内疚、评判、羞愧和责备是这些消极思想的共性。

我们通常是从家庭、媒体、人际、文化那里继承了这些理念。由此我们形成了一套并不完全属于自己的思维模式。在进行自我剖析之前，大多数人甚至都不知道自己的金钱观到底是什么。我的意思是，隔多久会有人问你：你的金钱观是什么？又或是问你：你对金钱的感受是什么？你家人对金钱有什么看法？什么时候有人公开谈论金钱？有吗？当我开始和珍一起工作后，她会通过视频电话问我这些问题，问得我坐立难安。我讨厌这些问题，它们就像是外星生物一样，让我觉得自己弱不禁风。

我认为，有4个关键因素会影响我们对金钱的看法。

家庭

成长过程中，家庭成员，尤其是父母或主要看护人对孩子来说意味着一切，孩子会不断地寻求他们的认可。问题是，不是所有的父母都懂得生活。我是说，要求父母绝对中立地抚养孩子，避免自己的负面思想影响孩子，这在现实中是很难的。

孩童时期，父母对金钱的看法以及他们是如何谈论金钱的，会对孩子产生巨大的影响。在性格形成时期，我们几乎把父母的观点和看法当作信仰。我们倾向于模仿父母的行为以得到父母的积极回应。我们甚至没有意识到我们在这样做，这种行为已经内化了。

心理学家卡尔·罗杰斯（Carl Rogers）解释说：

> 获得重要人物的关注是有条件的。当个体感到在某些方面受其重视而在其他方面不受其重视时，就产生了价值条件。渐渐地，这个人的自尊情结同化了同样的态度，他对某一体验的积极或消极评价，仅仅是因为他从他人那里获得了这些价值条件，而不是因为这种体验提高或者削减了他的机

体能力。①

通俗地讲，价值条件是有关我们要做什么才能被别人重视的信息。这些条件是建立在我们得到的积极的表扬或认可之上。家庭和社会共同塑造出这些条件。如果有了孩子，我们很可能还会把这些价值条件传给自己的孩子。比如说，当我还是个孩子时，我每次吃西蓝花都会获得表扬和大量积极的关注，那我长大后肯定相信西蓝花是健康食物。这很有可能会成为我自己价值条件的一部分——要吃得健康。

同理，把西蓝花换成金钱。让我们来想象一下，你从小和有着强烈慈善感的父母长大。想想，他们是从哪儿获得了自己的价值条件——他们的父母。

假设你父母的观念是：不能为了一己之私花钱，如果有多余的钱，就应该把它捐给慈善机构。你在孩童时期可能听过这句话。也许是你父母用晚餐时，低声聊着他们的朋友刚刚花了一大笔钱买了辆新车，"而这笔钱本可以用来帮助别人的"。

这些观念都不是年幼的孩子自己的想法，但是孩子从父母那里反复听到这些话。孩子还发现，当父亲谈起对钱"自私"的朋友时，他似乎不太高兴，孩子便把这件事列入"黑名单"，因为他意识到此事会引发糟糕的情绪。

作为一个成年人，这种童年形成的意识很可能会以内疚的形式出现。你想给自己买点好东西，但是你脑海里有个声音在轻声

---

① 资料来源：https://pdfs.semanticscholar.org/cd4f/6ead952372d350ff792d212cb9d6de9c5f48.pdfVery。

说:"你在浪费钱。你可以用那笔钱帮助有需要的人,不要自私。"

父母传下来的金钱观有很多种。比如说有的父母过度消费,在这种情况下,孩子长大后可能会出现储蓄困难的情况。又或者父母用钱很理智,从不借债,在这种情况下,孩子长大后可能会发现负债或向别人借钱都很困难。

通常,父母的观点也会变成我们的观点。即使你真正的观点与父母的完全不同,但父母的影响可能会变成你耳边的低语,让你怀疑自己所做的每一个财务决策。

我们的父母(或者你成长的环境中出现的任何人:看护人、祖父母、任何你尊敬的或有权威的人)都在不知不觉中让你对金钱产生某种想法和观念。这些想法和观念可以是积极的,但是很多时候,它们都是消极的。

卡尔·罗杰斯还谈到了建立"内部评价体系"。简单来说,就是一个人在判断一件事情的好坏时,遵从的是内心的准则而非外界的评价。

下面就是内部评价的例子。

我去跑步了,感觉特别好。去年这个时候,我甚至不能沿街慢跑,更不用说绕城跑个不停。我进步得真快,我很骄傲。我可以看到我的皮肤变得红润,整个人也变得更健康了。我感觉太棒了。

下面这个则是外界评价的例子。

我刚刚去跑步了。我一直都很努力,男朋友也说我跑得不错。我跑步回来后,喜欢告诉他我都做了什么。听到他说,他以我为荣,我很开心。尽管我一直很努力地运动,但还是没有人说我看起来瘦了。所以我怀疑,这样做值不值得。

你能看出外界评价体系的问题所在吗？你依靠外人，让你感觉良好，而不是依靠自己的内心。卡尔·罗杰斯认为，要是能建立内部评价体系，你会更快乐；毕竟，你不能总操控别人的反应。

现在，你的第一个练习来了。练习答案没有绝对的正确或错误之分，重要的是试图理解我们自己的金钱观。毕竟，我们不会每天都去审视自己的金钱观。

练习

写下你成长过程中听到的关于金钱的事。

- 你父母对金钱的态度是什么？
- 他们是怎么看待金钱的？
- 你还记得一些特别的语句吗，比如"树上不会生钱"之类的？

写下你成长过程中所见到的和金钱有关的事。

- 你家里有钱吗？
- 你会买很贵的东西吗？
- 你会总迫不及待地要吃下一餐吗？

你怎么看待你继承的金钱观？

花点时间，写下最先出现在你脑海里的 3 件和金钱有关的事。

到此我们已经研究了成年人最初的价值条件来自哪里。事情远没有那么简单，这本身就是一场残忍的自我剖析！

朋友们，价值条件还可以来自其他很多地方。

媒体

回想一下你看过的每一部电影，大部分都特别关注金钱：《华尔街之狼》(*The Wolf of Wall Street*)、《抢钱大作战》(*Boiler Room*)、《社交网络》(*The Social Network*)、《大空头》(*The Big Short*)等盗窃题材的电影，以及一些包含一个有钱父亲的角色在内的电影。这些电影大都没有什么好结局，故事通常的寓意是"钱买不来快乐"，又或是，我们直截了当地说吧，"金钱把人变成一个贪得无厌的傻瓜，连自己的孩子放学都会忘记去接"。

还有些经典的角色，看看你能从你喜爱的电影里找出多少来。

贪婪的人

这种角色通常是一夜暴富，最擅长侵害他人利益。他们有钱之后变得贪婪，吸食大量毒品，然后自我毁灭。比如《华尔街之狼》和《疤面煞星》(*Scarface*)。

失职的父母

这类人把钱看得比家庭重要，一直都在努力工作，商务会议的地位高于孩子。他们通常会有一个"醒悟"时刻，就是当他们和孩子一起被困在某处时，他们会意识到家庭才是最重要的。从此以后，他们就专心陪伴家人了。比如《居家男人》(*Family Man*)。

日理万机的女企业家

金字塔尖的女人：她们是忙碌的女企业家，把事业排在情感之前。她们的丈夫觉得妻子的财富以及影响力削弱了自己的男子气概，于是丈夫出轨，去找比妻子更年轻的女人。等她们意识到自己太过于关注工作了，她们就会休假，开始一段"寻找自我"的旅程。比如《美食、祈祷和恋爱》（Eat，Pray，Love）。

潜鸟型

这类角色富甲一方，但是低调又神秘。他们的行为举止近乎疯狂，可能是个精神病患者，也可能是因为过度哀痛悲伤，毕竟钱买不到快乐。比如《了不起的盖茨比》（The Great Gatsby）、《绝代艳后》（Marie Antoinette）。

诈骗大师

这类角色看起来很富有，但这些钱是从哪里来的呢？他们杀人了吗？全是假钱吗？比如《天才雷普利》（The Talented Mr. Ripley）和《猫鼠游戏》（Catch Me if You Can）。

心碎型

一个有钱人家的女孩正被她咄咄逼人的父母强迫嫁给另一个有钱人，她父母只是一味地想要攀龙附凤。女孩爱上了一个贫穷却可爱的小伙子。她意识到自己宁愿放弃金钱也要爱情，于是她和他私奔了。比如《致命性游戏》（Cruel Intentions）、《独领风骚》（Clueless）。

影视作品一遍又一遍地向我们展示这些刻板印象——而这些只是最初浮现在我们脑海中的几个！在这些电影中，只有当主人公避开金钱世界，记住他们"真正的价值观"——家庭和友谊以及"做一个好人"时，他们才会变得更人性化。影视剧中总是存在道德说教，好像好莱坞就是讨厌钱似的。具有讽刺意味的是，它可是世界上最具魅力、最有钱的行业之一。

当我从媒体上看到的东西悄悄进入我的生活时，我才意识到刻板印象对我的影响有多大。结婚后，我当了一段时间家里的经济支柱。根据我从小到大在媒体上看到的，我认为自己就是那种"日理万机的女企业家"。实际上，我并没有证据证明自己是个女企业家，但是我在媒体上唯一能找到与我自己相对应的只有这个刻板印象了，所以我脑中冒出了我丈夫觉得他自己的尊严受到挑战的想法。

我自以为是地想，他真的不能理解我赚得比他多这件事吗？我经营这家公司让他感到自卑了吗？我不断地质问我丈夫，不管他回答我多少次，他根本没有这些感觉。

有一天，我终于恍然大悟。

我从未在媒体上见过一个女人比她丈夫赚得多，两人还能相安无事。相反，我见过很多相互欺骗和关系破裂的例子。

现在，我知道肯定有一些关于积极赚钱的影视节目和新闻报道，但不可否认的是，消极的作品和信息才更吸引我们的眼球。人们在这种持续性的信息影响下沾染了某些观念，并信以为真。

来挑战一下自己吧。写下一部你看过的、从积极角度看待金钱的电影名字。

想到一个也不容易吧，对不对？

人际

人际关系，无时无刻不在影响着我们。作为人际关系中最重要的一种，朋友，总是让我们又爱又恨，他们可以帮助我们成长，也可以在几秒内"摧毁"我们。有句老话说："你最常和哪五个人在一起，你就是那五个人的平均值。"这句话似乎特别适用于金钱观的形成。因为我们的金钱观不仅是从家庭成员那里继承来的，朋友也在其形成过程中扮演了重要角色。

我发现朋友之间经常从消极的角度去谈论金钱。如果讨论金钱，内容很可能是咒骂和抱怨。我以前最喜欢讨论的话题就是：谁是本周最穷的人？

- 杰德透支了60英镑！
- 迈克尔的抵押贷款刚被拒绝了！
- 海莉的卡不能用了！
- 克莱尔不得不放弃了一次度假，因为她买不起机票，现在每个人都去玩了，就她没有！
- 朋友们！让我们坐成一个圈，互相调侃一下我们都有多穷！

停下来！

由于某些原因，当人们聚在一起谈论金钱话题时，气氛似乎就会变得消极起来。很少有人会当众积极地讨论赚钱，说他们赚了多少或是想赚多少，这会被看作炫耀或吹牛。

几乎没有人想成为第一个积极谈论金钱的人，因为他可能会被这样的回答噎死，"一年挣10万美元，那是不现实的"。朋友们喜欢说出他们认为有用的"大实话"，但实际上，这些话可能是他们自己内心恐惧和欲望的投射。

我们把自己包裹得严严实实，说别人会说的话，做别人会做出的反应，这样更容易融入集体。我们不想脱颖而出，也不想被大家在背后议论。

这里有一项观察你朋友的挑战：下次晚餐或酒会的时候，你看看有没有人提到钱，注意大家是在讨论积极的话题还是消极的话题。如果是积极的，那就完美！如果是消极的，尽量保持你自己的评论和观点是绝对积极的。

文化

信不信由你，你所生活的地理区域也会对你的金钱观产生影响。我是英国人，我注意到英国文化倾向于认为谈论金钱以及任何炫耀财富的行为都是特别粗俗的。我觉得这很奇怪。在一个真正建立在财富之上的国家，我们似乎觉得有必要把财富都隐藏起来，避免公开展示，以免受到评判。这是怎么回事呢？

随着时间的推移，这种情况有所变化。但与大多数老一辈的英国人交谈时，大谈特谈金钱或为金钱而兴奋仍会被认为是愚蠢的。当我发现我的祖父母有可能读到这本书时，我差点被吓死，因为我几乎可以肯定他们不会同意我的观点。再者，如果你家族中的某个前辈曾经有过这些想法，那么这些想法可能已经顺着家庭脉络传给了你。

我最近去洛杉矶，惊喜地发现美国人愿意为图方便、省时间而花钱。这是笔大买卖。餐厅的代客停车，很多服务场所提供"免下车"服务……在这方面花钱被视为一种权利，而不是轻浮或懒惰。相反，这在英国会被认为是放纵和不必要，太让我恼火了！我就是为了方便才来光顾的！很多美国人似乎都是白手起家。在我看来，只要有钱，你就可以进入美国的任何圈子，美国人似乎不在乎你的钱是从哪儿来的。你有钱，很好，你是俱乐部成员了。在英国，你有多少钱不是重点，重点是怎么赚来的钱。中了彩票，那你还不是精英阶层。出身贵族，好吧，欢迎加入中产阶级。英国的等级制度仍然很强大，它影响着人们的价值观。

我记得第一次去参加尼日利亚人的婚礼时，我彻底震惊了。我看到人们向新郎新娘身上"撒"美元钞票。我从来没有见过这样展示财富的，而且还是以一种如此有趣又充满爱的方式表现出来。我很喜欢这种纯粹营造喜悦气氛的方式。多好的结婚方式呀：爱你的人向你抛钱！这真的让人很兴奋。

这些文化会对你的思想观念产生潜移默化的作用。如果你生活在整体思维模式大同小异或者大多数人的思维方式都类似的社会中，那么你很可能会无意识地随波逐流。你可能会发现自己时刻在评判别人对待金钱的方式。

破解你的金钱编码

现在，让我们来总结一下。

我们知道有4个主要因素会影响我们的金钱观：家庭、媒体、人际和文化。尽管不是我们的主观意愿，我们也在社会环境的影响下发展出了价值条件。

我们要怎样破解在不知不觉中接受的"编码"呢？我喜欢采用一种植根于认知行为疗法（Cognitive Behavioural Therapy，简称CBT）的方法。这是我妈妈教给我的，用在这儿很有效。你需要考察自己从哪里得到这些关于金钱的奇怪想法，并想办法消除它们，这样你就可以找到被掩藏起来的"真实的你"（true you）了。这个我喜欢称为"真实的你"的词就是心理学家口中的"生物我"（the organismic self）。它基本上就是一个孩童时期的你，一个不落俗套的你，一个可以独立思考、做些小决定的你，这就是真实的你，不是那个呈现给世界的你，也不是被纷繁的社会环境影响的你，就是纯天然、零添加、无污染的你。大多数人可能都不知道这个自我的模样，因为他们"真实的自己"被他人嘈杂的言论层层掩埋。不幸的是，这些价值观意味着，我们在成长的过程中学会了优先考虑别人对我们的正面评价，而不是我们自己内心的想法和感受。

在这本书中，我将帮你剥去那一层层的外界干扰，让你回归自我：你对金钱有什么看法，你想怎么看待金钱以及怎样坦然无愧地面对生活。

正如我说的，实现这个目标没那么容易，但也不是不可能。如果我能做到，我相信你也可以。

练习

本章结尾，让我们来做一些练习。

1. 看看你早先写下的你继承的金钱观。举个例子，"我知道赚钱很难"。
2. 问问自己这种信念是从哪里来的。在成长的过程中，父母有没有通过他们的行为或语言向你展示过这一点？
3. 这种信念对你的日常生活会产生什么样的连锁反应？

例如，认为赚钱很难可能会阻止你尝试新事物，因为你可能会认为它们毫无意义或太费精力。

4. 尝试用证据反驳这些信念。想象一下，你在法庭上出庭做证，为你的信念辩护。对方律师拿出了证据，反驳你的话。比如，"你说挣钱难，但有一次你打了份短工，很快就挣了 500 英镑，这还不容易吗？"在你列出的消极金钱观旁边，至少写一页反对该观点的证据。

你可以对自己所有的消极金钱观重复这四个步骤。再补充一句，如果你继承了一些积极的金钱观念，那真是太好了！

重要的是要记住，你剥去的并不是你自己。你是为了发现自我，并对金钱的观念和认识更加开放、更加积极，而剥去层层束缚。

第 **2** 章

你在自欺欺人

没想到在这一章我会以《圣经》中的一句话开头。科勒·卡戴珊（Khloe Kardashian）曾在社交平台照片墙（Instagram）上发布过这句话。每一天，这个世界都有让我感到惊喜和愉悦的法子。

这句话引自《马太福音》第七章第二节：

因为你们怎样论断人，也必怎样被论断。

你们用什么量器量给人，也必用什么量器量给你们。

你的想法、语言与你的目标并不一致

在和珍的第一次正式谈话中，她就很直截了当地问我对金钱的信仰是什么。我觉得这个问题很奇怪——我从来没有想过这个问题，也从来没有人问过我这个问题。我不知道要怎么回答她。

"嗯……我不太确定。有压力吧，缺钱让我感到了压力。"

"继续。"她说。

"钱很容易就没了，"我说，"我没办法按我的想法花钱。感觉很糟糕。这是种惩罚"。

"那你看到钱包里的钱时又是什么感觉?"

"不好。好像它妨碍了我一样。反正我也不会有钱!"

我说着,珍笑了。但是,她笑并不是赞成我的观点,而是一种不厚道的笑,就像是老师问了孩子一个问题,然后看着孩子绞尽脑汁拼凑答案,享受孩子这副窘态带来的乐趣。

"好吧,"她又问,"那有钱人呢?你对有钱人有什么看法?"

这个问题我不需要思考。"有钱人就会炫耀,"我说,"虚荣、贪婪、自私,只会想着自己。他们买名牌包、开豪车,也不过是为了博人眼球。总是谈论钱啊,奢侈品啊……我一点儿也不喜欢这样。"

我说完这些话后,气氛变得有些尴尬。我从来没有说过这样的话。

这些话听起来有些刺耳。我并不喜欢自己说的这些话。

这听起来就像我的确对金钱有些奇奇怪怪的看法一样。并且,一旦有人问起这些问题,我自然而然地就会脱口而出。当时我感到紧张不适,眼前一片漆黑,完全没有我现在想到和提及金钱时的轻松。

事实上,我有点嫌弃自己。我很痛苦。

"你觉得钱是个坏东西,是敌人,那钱对你还有吸引力吗?"珍问道。

我恍然大悟。

"或许不会吧。"我说。当然不会!

毕竟我也读过《秘密》(*The Secret*),也在播客上听过《吸引力法则》(*the Law of Attraction*)。其中头一条规律就是,"物以类聚"。对钱反感但还想得到钱的想法，对我来说显然是自相矛盾。但是我没有想到，这就是问题所在。

实际上，我当时并不知道问题出在哪儿了。

我不知道为什么我没有变得有钱，尽管我已经在拼命工作了。我还没来得及享受金钱，它们似乎就从我的指间溜走了，要么支付了账单，要么是意料之外的花销。

我对此的态度是——问题绝对不是出在我身上。这都是别人的错。整个社会体系都被人为操纵着，而像我这样的人永远都没办法让这个体系为我的利益服务。

"你认为世界上有做好事的有钱人吗？"珍问。

"呃，可能有吧。"我说。我觉得这样的人少得可怜。

但是我知道，这样的人还是存在的。我想到了比尔·盖茨。从2013年起，他已经向各种慈善机构和社会事业捐款超过280亿英镑用以支持健康和教育事业。从逻辑上，我是知道这一点的。可我就是感觉不到，就好像比尔·盖茨是个特例一样。毕竟，富豪们也承担得起这些社会责任——他们可是超级亿万富翁。像这样规模的捐款就要向亿万富翁索要。这是他们欠我们老百姓的：我们是98%的那部分人。

我记得那次谈话结束后，珍对我似乎有些冷漠。我只是花了一笔当时我付不起的学费，希望可以学会如何拥有更多的钱——但是所发生的不过是有人问了我几个问题，对着我暗讽地微笑，然后课程就结束了。我做了些什么？我本来可以用这些钱支付一笔必付的账单的，我太傻了。

那些可以让我成为百万富翁，让资金流转起来，让机会显现的锦囊妙计在哪儿呢？

或许这根本就不值得。

我关上笔记本电脑，去客厅找我丈夫杰森一起出去走走。

"谈得怎么样了，宝贝？"他问道。

"呃，还行吧，"我语气沉闷地回答道，"她问了我一堆奇怪的问题，关于我对有钱人的看法之类的。"

"然后呢？"他问。

"我告诉了她我的真实想法。有钱人都很蠢。谁会花 2 000 英镑就为了买个香奈儿的包呀？这有什么意义呢？我们可以把钱花在更重要的事情上，比如支付房子的定金，或者还信用卡，或者别的什么。"

杰森笑了，说道："你和你父亲吐槽飞机头等舱时一模一样。"

虽然那次和我父亲的对话是几年前的事情了，但是我们还是记忆犹新。那次对话非常滑稽。我父亲是能很清楚地表达自己观点的人，这要归功于他接受的私立学校教育和所获得的政治学（或经济学之类的）学位。他的言论和观点通常相当有趣，我们大家都乐于倾听。我想他有时会故作夸张地咆哮是因为他知道我们会觉得这很有趣。

那次，我们一直在讨论坐头等舱会有什么感觉。我不记得那次谈话是怎么开始的，也不记得他为什么会那么激动，但我记得他说道："究竟是为什么，你要多花 5 000 英镑，坐在同一架飞机的另一个座位，用金属刀叉吃饭?! 荒唐！"

回想起那一刻，我意识到我在模仿我父亲的观点、行为。花 2 000 英镑买个香奈儿包，估摸着我父亲会瞧不上。他很可能把买包的人看作傻瓜。那时我意识到，这就是为什么我会认为有钱人都很蠢了。

还记得我们在第1章讲过的价值条件吗？我成为大多数小孩长大后都想成为的人：让父母引以为豪的人。为此，我开始持有和父母相同的观点，并且只要有人愿意听，我就会大声说出来。

就是那一刻，在我和杰森谈起与珍的谈话进行得如何时，我被点醒了：我继承了父亲很多对有钱人的看法，有些甚至可能是他为了取悦听众，故意夸张的观点。

我的金钱观和我想实现的目标产生了尖锐的矛盾。毕竟，我在寻求一个理财师来帮我赚到更多的钱，但同时，我又认为有钱人都是愚蠢、爱炫耀、只关心自己的人。即使在我第一次与珍通话的几个小时后，我也能看出自己的言论没有任何意义。我的观念和我要达成的目标完全是南辕北辙。

我在自欺欺人。

我评判别人是怎么花钱的。因此，我下意识地担心人们会评判我如何花钱，他们当然也会和我有同样的想法。

如果你还记得关于"世界地图"的比喻，你就会知道，人们是不会评判你的。但是在当时，我认为我的"世界地图"就是唯一的地图。

这种理念无形之中控制了我。它让我因为害怕给人留下贪婪的印象，不再谈论想挣钱的想法；它让我因为害怕被人评判，在任何方面都失去了对金钱积极的态度；它阻止了我追逐目标，或者让我认为某些目标是"不现实的"；它让我的财务情况多年来一成不变。

别人怎么花钱，与你无关

我开始思考我的想法，以及我在朋友中大声说出来的话会对宇宙产生怎样的影响。

- 我经常说我有多穷。
- 我经常喜欢和朋友坐在一起抱怨自己的钱包空空如也。
- 我经常评判和公开批判有钱人。
- 我幻想着有一天我变得有钱和有钱后会做的一切事情，但后来我发现了一种秘密的快乐，那就是咒骂那些有钱人和极其刁钻地评判他们如何花钱。最后，我又嫉妒又痛苦。

但是，坦白说，我对有钱人的这种评判行为并没有什么由头。我出生于一个相当富裕的家庭，这在我的成长过程中给了我不少优待。

事实上，我知道不是所有有钱人都是坏人。我只需看看我的祖父就知道了——他给了我一部分存款，资助我买了第一套公寓。他有钱才能资助我。他很富有，想用自己的财富帮助别人，无论是对家人还是对外人。我知道他不是坏人。

我也知道，买个香奈儿包也不会变成坏人。可能就是买包的人喜欢而已；或者它有收藏价值，可以成为孩子的传家宝；或者他们一直在拼命工作，想买这个包犒劳自己一番；又或者，他们只是刚好路过，想要这个包，而又买得起，所以就买了。

他们为什么不可以买香奈儿的包呢？

为什么我要关心这个？大家又为什么要关心这个？

因为我们嫉妒、怨恨和喜欢评判。

我认为金钱是引起人类嫉妒、怨恨和痛苦的首要因素。我们每天都看到类似场景大规模上演。回想一下，你有多少次听到人们谈论有钱人应该如何解决世界问题，或者干脆要求有钱人"把钱都捐出去"的话题。

其中有些东西值得我们去思考。

2019年巴黎圣母院发生火灾，事故过后几天内，至少有5亿欧元被筹集用于重建这座地标性建筑。关于这个话题，我已经听到了无数的观点，也看到了许多幽默的表情包和社交媒体帖子上类似这样的话："有钱人就应该为世界做得更多！""为什么巴黎圣母院就筹集到了所有资金，而世界各地，仍有人非正常死亡，悲伤仍在继续？"

我想说的第一件事是，我们普通人痛恨那富有的2%的人，这个现状和媒体有直接关系。为什么？因为剩下的那98%的人会因这2%的人感到痛苦、嫉妒和怨恨：他们挣钱太容易了，不是吗？注意，我并不是说贫富差距不需要改善了。但事实是，让人们对有钱人的所作所为感到愤怒，可以更多地销售报纸。

回到刚说的巴黎圣母院。

我理解，人们看到了一场没有人员伤亡的悲剧，一处古老的建筑物在短短几天内就获捐了大量资金，而与此同时，世界各地的人由于社会、经济和健康等各种问题正在遭受更严重的磨难。此时，人们一定会感到悲伤和愤恨。我会这样想，我相信许多人也会这样想。在同一个世界，一栋老建筑那么快就被拯救了，而人类却还要经受痛苦，这是没有道理的。

但是，如果你抛开自己的观点，抛开自己的"世界地图"，这一切就说得通了。

为什么？

捐钱重建巴黎圣母院的人强烈支持这项工程，是因为这对他们个人有着极其重要的意义。归根结底，这是他们自己的钱，想怎么花，就怎么花。

我再大声地说一遍：

自己的钱，想怎么花，就怎么花。

这是他们的钱，他们赚的钱，他们决定怎么花。就像你有权决定你自己如何花钱一样。别人有钱并不意味着他们就有义务做任何事。你认为他们应该还是不应该做什么都没有意义。你对什么是正确有自己的看法，但他们的看法可能与你不同。你的理念与你内心的"世界地图"有关，而每个人有着不同的价值观。

当然，有钱人帮助社会上更穷或更需要帮助的人是个好主意。是的，就我个人而言，我一开始赚钱，就想办法回馈社会。这对我来说很重要。我给予我想给予的，我的给予行为让我感到舒服。我不会因为别人的好恶或强迫去做事情，我仅仅因为自己相信某件事是正确的或有效的才去行动。

想象一下未来的你，努力工作，经济逐步稳定，小有积蓄，甚至富有。你有自己的用钱计划，你要开展自己的事业，或是为你的子孙后代提供一份保障和积累。在你有钱之前，你就已经计划了好几年。突然，有人跳出来告诉你应该怎么用钱，但他们从来没有体验过你的人生经历。

他们开始在媒体上传播关于你的信息，告诉每一个人你是贪婪的。他们在街上对你破口大骂，说你如何自私，除了你自己，你谁也不关心。但是他们从来不知道你背后的艰辛。

我想你一定会讨厌这些的。

那么，我们如果自己都不喜欢，为什么还要对别人这么做呢？

这种评判时刻存在，甚至在我们不知不觉中就已经发生了。可能是朋友在晚宴上嘲讽了一个买了新包的女人；可能是父亲抱怨了头等舱的价格；可能是有人分享了一个表情包或者在脸书上发了一个帖子，讽刺富人是多么自私。

这些金钱观，与如何赚钱产生直接矛盾，也与你想成为什么样的人进而决定采取何种理财行动相矛盾。

我们现在可能身处那98%的非富人之中，也可能经常被教育要去讨厌富人，并把世界上的问题归咎于他们。

如果感觉不对，是因为你还在评判。

你还在大声说你有多讨厌钱。

你还在评判别人是怎么花钱的，尽管这与你无关。每个人都有自己的生活，都有权用自己的钱做自己想做的事，这和其他人的个人感受无关。

你想要的（金钱）和你的言行（讨厌金钱或讨厌有钱人）之间的矛盾是不会对你有帮助的。你内心运行着两套标准并且它们互相冲突，这种信息连宇宙都困惑。

下面就是一个例子。

想象一下你和你的伴侣想要装修起居室。你雇了一个室内设计师，她报价给你，然后询问你们两人的想法。你邀请她到你家做客，一起在现有的起居室喝茶，你和你的伴侣轮流向她描述你们理想中起居室的样子。

你先说："我想要一个五颜六色、图案繁多的房间，里面布置许多小玩意儿，我觉得很有趣，整个空间显得舒适宜居。我特别喜欢绿色，曾住过一家酒店就是装修成这样的，我很喜欢它。

它让我感觉很舒服，很放松，这才是我梦寐以求的。"

接下来，你的伴侣开始描述他想要的起居室的样子。只不过，他说的不是想要什么，而是罗列了一长串他不想要什么。他不喜欢花里胡哨。他喜欢绿色，但他更喜欢一个简约、中性的空间，因为他不喜欢浮华的东西。他不希望房间里到处都是小东西，因为它们可能随时会被打破或者积满灰尘。你听着他和设计师说话，心想："天哪，他说的好无聊。太消极了！"

你的兴奋感慢慢减弱，因为你意识到了你的伴侣和你的观点完全相反，而且你没有办法让你们两个人都满意。

室内设计师困惑地挠了挠头，说："好吧，朋友。让我看看，我能干什么。"

你看懂这个例子了吗？

这两个人都是你。假设第一个人说的是你的潜意识和真正想要的东西，那这个伴侣说的就是你脱口而出的东西。设计师就是宇宙。

如果你从设计师的角度来看这个情况，你会发现她很困惑，甚至有点恼火，因为她有一长串客户名单，其他人更清楚地知道自己想要些什么，而她浪费时间到你家来了。你真实的想法和你大声表达出来的内容有偏差，会令人困惑，这是个问题。设计师如果正视问题，也许已经完成了以下其中一件事情。

1. 她可能会给你带来一些普普通通的东西，既不会让你惊讶也不会取悦你。这不符合你的想象，但也还好，也是有用处的。这既不是挑衅也不会让任何人尴尬，设计中庸，但挺实用的。你的朋友会说："这不错嘛。"你花了血汗钱，却只收获了一个平淡无奇的结果。所以，你一再拖延，劝你的朋友不要聘请室内设计师，因为"不值得"。你们围坐在一起吃晚饭，讨论这是多么浪费钱。你决定在"可以自己动手省钱"的时候，绝对不要相信别人会把事情做好。

2. 设计师可能不会再回复你了。她决定不接你这份工作，因为你实在是太难对付了。你真的是难缠到了极点，她甚至都不敢开始尝试为你设计。她的每一个举动似乎都会走向死胡同，因为你们一方可能会喜欢而另一方会讨厌。她坐了一会儿想理清楚，然后放弃了。她能看出你和你伴侣之间持续的"拉锯战"将给她带来太多压力，而这份工作不值得如此。最后，你俩谁都不会对这个中立的设计满意，因为它没有达到任何人的要求。所以，她的设计有什么意义呢？你没收到她的回复，你考虑自己装饰房间，但是你又没有时间去做。最后，你一无所成，房间也保持现状，这让你每天都感到沮丧。等到你朋友来访了，你会向他们辩解，说改天你就会装饰好。但是那天永远也不会到来。

如果你在自欺欺人的同时还思考与追求财富截然相反的问题，那么你是不可能迈上财务自由之路的。

当你试图吸引金钱时，大脑里产生的两种相反想法就会相互抵消。你没有向宇宙发出任何信号去吸引任何东西，因为你创造了"零"想法。

除非你开始调整自己的意识和潜意识，否则你会一直停留在原地。第一个调整的方法是改变你的语言，让它变得更加积极开放。你如果发现自己又在评判别人的花钱方式，快停下，换个话题吧。如果你听到其他人在谈论有钱人，讨论他们如何花钱，或者他们应该做什么，不要参与讨论。

要想完全摆脱评判他人的习惯相当困难。别误会我的意思，我自己都还在努力。我们必须停止随意评判他人，这样才能在生活中创造"吸引"金钱的信号。这样做会带来特别的效果。

你要关心的是你自己的未来和如何成为你想成为的人。你要关心的是自己和家人如何过上最好的生活，而不是就坐在那儿浪费时间评判别人。随意评判他人产生的不过是些坏情绪罢了。

练习

花点时间观察你所有矛盾或消极的关于金钱或其他人如何花钱的想法和语言。

在一张纸中间画一条线，一边写上"想要"，另一边写上"评判"。在一周结束时，给这张纸中所有自相矛盾的想法配对。比如，"想要"这一边可能写了"我想要个香奈儿手提包"，而"评判"这一边可能写了"怎么能在名牌包上挥霍那么多钱呢？太浪费了"。

花点时间，观察你想要的和你每天所展现的这两者之间存在的矛盾。这里关键的一步就是你要意识到这些矛盾的存在。一旦你意识到它们的存在，它们就没那么容易逃脱，也就不会堵在你的致富道路上了。

第 **3** 章

你知道自己要什么

在罗尔德·达尔（Roald Dahl）1964年的小说《查理和巧克力工厂》（*Charlie and the Chocolate Factory*）中，我们认识了一个名叫维露卡·索特的小女孩。维露卡是独生女，被奥柏伦柏人（书中来自伦帕地区、喜好玩乐的小矮人）称为"小畜生"，她被富有的父母宠坏了，她不习惯听到"不"这个词。

维露卡知道自己想要什么，而且立马就要。

她一个接一个地提出要求，而她可怜的父亲只能在她的阴影下颤抖，除了屈服以外，别无他法。

对于现代社会的金钱观念，维露卡可以给我们提供不少答案。

我们可能认为，"我想要"与自信、力量和决断力毫无关联。相反，我们会把它和维露卡这样的文学形象联系在一起，认为说出"我想要"是在提出幼稚、粗鲁的要求，全然不顾这些要求会怎样影响别人。作为孩子，我们经常被警告不可以这样做。

"我永远得不到我想要的。"

"说谢谢！"

"不要提要求！"

我们都被驯化了，即使那不是自己真正想要的，我们也顺从着，感激自己得到的一切。说出"我想要"不仅可能让我们直接成为维露卡，还有让我们被永久贴上"坏孩子"标签的风险。

我知道这个角色在我看待别人和自己的方式上，制造了许多心理障碍。并且，我不是唯一一个。由于担心给别人留下"讨厌鬼"的印象，很多人无法诚实地表达自己的愿望。

不能诚实地说出自己的愿望，便意味着我们要压抑自己的情感。如果我们一直压抑自己的情感，久而久之，这些情感就会被深深地埋藏，以至于我们自己都不再注意到它们。最终，这些压抑的情感转变成一种深层次的、潜意识里的欲望。这样的欲望会与我们日常生活中的行为举止发生奇怪的冲突。

我们将自己本能的欲望埋藏得极深，甚至连自己都不知道它们的真面目。如果有人问到了，我们给出的那个答案通常会和内心深处真实想要的东西截然相反。

在前一章中可以看到，我们对外界的评判与自己真正想要的可能并不一样。我们被压抑的需求和欲望也是如此。

我们刻意忽视了这些需求和欲望。我们无论如何也不会说"我想要"。这句话听起来很刺耳，不是吗？它让人联想到一个刁蛮、讨厌、被宠坏了的文学形象——维露卡。

自信等于成功

自信是一种行为，它使一个人能够按照自己的最大利益行事，能够在不过度焦虑的情况下维护自己的利益，能够舒适地表达自己真实的情感，或者能够自己行使权利，又不妨碍他人行使权利。①

当涉及商业、政治和世界危机时，我们需要具有决断力的当权者。我们需要那些知道自己想要什么，而且敢于说出口的人。我们钦佩这种坚定的自信。我们把它称为"强大的领导力"。

我们会自然而然地追随和仰慕那些在潜意识和意识上追求一致的人。这些人天生就有说服力，就有雄心壮志，我们称他们为"实干家"。你想被称为"实干家"吗？我知道，自从我把自己想要的付诸行动并大声表达出来后，我就被称为"实干家"。

毫无疑问，我们希望能像温斯顿·丘吉尔（Winston Churchill）那样毫不犹豫清楚地说出自己想要什么。又或者像巴拉克·奥巴马（Barack Obama）、马克·扎克伯格（Mark Zuckerberg）、罗伯特·德尼罗（Robert De Niro）等。

我们看到这些名流时，不会觉得他们无礼又讨厌，我们认为他们做了该做的事，同时又帮助自己和周围的人赢得了最好的结果。

但是有趣的是，要是我们想到自信的女性，比如碧昂丝（Beyoncé）、麦当娜（Madonna）、米歇尔·奥巴马（Michelle Obama）、多纳泰拉·范思哲（Donatella Versace）或卡迪·B（Cardi B），看法就会不一样了。我们的脑海中可能浮现出了"名媛"一词。

"名媛"这一概念是一种社会结构，只是社会给特定的女

---

① 罗伯特·E. 阿尔贝蒂，迈克尔·L. 埃蒙斯. 你的完美权利：自信行为指南. 1970.

性——也就是"实干家"型女性贴的标签。我认为这是一种弱化，它贬低了女性的雄心和魄力。女性大胆地说出她想要做的事情或想要的东西，这和男人做同样的事情毫无二致。然而，如果一个女人真的这样做了，人们往往会有不同的看法。

为什么呢？

是不是因为女性被"嘘"的时间太长了，所以只要听到女性公开、有力地说话，人们就有些担心了？是不是因为女性已经沉默太久了，所以现在女性中有某个与众不同的人发声了，人们就觉得不舒服了？

这就引出了一个更大的问题：女性是否很难表现出自信？

相对于男性来说，女性已经沉默太久了，导致我们想为自己想要的东西发声时，还要做很多工作。

但值得庆幸的是，越来越多的女性在发声，明确了自己的目标、结果和愿望。底气十足！这让人耳目一新，也会鼓励更多女性说出自己想要什么，尤其是在金钱层面。缺乏自信会对所有人造成影响，无论男女，每个人都要为增强信心而努力，这是很重要的。

记住：自信 = 成功。

"我想要"是自信最庄重的表达形式。我们应该对"我想要"感到兴奋！听到有人这样大声宣言，我们应该高兴，它既清晰又简洁。

"我想要"是有明确指向的，既不能被误读，也不能被误解。它清晰明了、精确万分，不允许有一丝一毫的错误。

为什么我们崇拜那些名人能够坚定自信地说出他们想要的东西，却不允许自己做同样的事呢？

因为说了"我想要"就可能引发别人的不安全感。

因为说了"我想要"就会迫使我们站在舞台中央。

让我们卸下这些包袱吧。

说出"我想要"可能引发别人的不安全感

说出"我想要"需要勇气。至少这一次，它让我们把自己放在了首位。"我想要"是一个自豪的宣言，它不关心其他正在发生的事情。它是在说："我想要这个，这对我很重要，特别重要，所以我用了'我想要'这个任性的表达。"

有些人会认为我们说的"我想要"在某种程度上会直接影响他们。当我们说出"我想要"的时候，他们可能听到的是我们要拿走一些东西，而他们会因此就缺少了这些东西。但是，我们知道事实并非如此。这是"匮乏心态"（Lack Mindset）的典型例子。

别人说他们想要什么，不应该对你产生负面影响。这是他们想要的，他们自豪地宣布了出来。很好！对他们是好事！这和你有什么关系呢？

他人的自信与说出自己想要的东西只是摆出了一面镜子，照出了我们无法直言自己需求的无力感。这是相当痛苦的，因为它迫使我们认识到自己缺乏勇气去掌控自己的人生。也就是说，只有自我意识足够强大，我们才可以发现这一点。

这就是为什么我们常常不能容忍那些有主见、想说什么就说什么的人。这些人让我们意识到，同样的事情我们自己做得有多糟糕。因为我们内心深处知道，如果我们说出自己想要的，生活会变得更简单：没有曲解的语言，也没有误解。所有的这些都节省了时间！

匮乏心态与富足心态

匮乏心态是指一种思维模式，它认为所有的东西都来源于遗漏与缺失：资源是有限的，万事需要竞争，需要比较，评判他人。

社会上大多数人都是匮乏心态，而媒体也喜欢在这上面做文章。大多数人一开始都把匮乏心态当作一种常态，认为这很正常。这是一种消极状态，它让你"切合实际"地思考，或以一种局限性的方式去思考，什么是可以实现的。在匮乏心态下思考问题是非常困难的，因为它经常导致我们的焦虑和恐惧螺旋式上升。恐慌由此产生。

与之相比，富足心态（Abundance Mindset）认为周围的资源是充足的，每个人都可以分一份。这是一种积极心态，相信问题总是会解决的。有些人也把这个心态叫作"成长心态"。

匮乏心态意味着我们很容易就发现问题，并把它当成借口，阻止自己进一步前进。而富足心态意味着，我们把每一个问题都看作一个可以解决的挑战，只是需要我们去发现解决方法。而这正是我希望你们读完这本书之后拥有的心态，因为它将帮助你开始吸引更多的财富进入你的生活。

"她知道她想要什么——她告诉我了！"

想象一下，那难道不是一个美好而简单的世界吗？

以前，我讨厌用"我想要"一词，因为它可能显得我自私。在当今这个时代，从来没有人能完全掌控自己的生活，还理直气壮地说出自己想要什么。自然，你说"我想要"时看起来似乎就有点自私了。

但是，这不是自私。这很重要。

你在努力改善自身，它可能会间接让别人感到不舒服。

这并不是说你对他们本人做了什么。但是你的努力可能会让他们认识到自己的人生过得那么糟糕，即使是无意识地。这激起了他们的戒备心，导致他们认为你这样做就是以自我为中心。

你要学会接受这个现实。

人生短暂！你的欲望必须放在第一位，而其他人的想法是你无论如何都没办法控制的，应该往后排。

如果你不接受这个观点，最好现在就放下这本书，因为你将永远为他人而活。

说出"我想要"迫使我们站在舞台中央

说出"我想要"会迫使我们直面内心深处的渴望，并把它们都公之于众。这很容易使人受到伤害，因为这是一种被剖开并赤裸裸地展示自己的感觉。

我清楚地记得我还在靠音乐谋生时，经理问我，我的长远目标是什么。我的脑海中有个声音在说："我想成为下一个法瑞尔·威廉姆斯（Pharrell Williams），我想变成女版安德烈·罗米尔·扬（Dr Dre.）。我想和世界上顶级的说唱歌手合作，让每个人的车里都放我的音乐！"

但是我大声说出口的是："我只想赚够钱，活下去。"

这个回答真的平庸啊！回头看看，我都想打醒自己。难怪经理没兴趣宣传我的音乐。连我自己都表达不出来自信与野心，他又怎么能接受我的作品呢？

你知道我为什么表达不出来吗？

我真心觉着我当时的回答愚蠢、幼稚，又可怜。如果我说出自己真实的想法，说不定经理会转过身来说："哇哦，是吗？很好呀，亲爱的。我们先做个专辑，好吗？"

我担心经理对我的看法。我不去担心他会认为我没有未来规划，或者任何类似更重要的事情，反而担心他会认为我的梦想不切实际。

现在回想起来我当时的不自信与压抑，我有些生气：我太害怕说出想要什么了。我知道如果坚持下去，我的音乐事业前途一片光明，有望成为下一个法瑞尔，但我永远没办法对自己承认这一点，更不用说大声地说出来了。这些话永远都不可能从我口中说出来。这就像我们年少时喜欢上了一个人，每个人都知道，但我们并不肯骄傲地承认，而是抓住一切机会去否认。我们可能会说："好像喜欢吧！"然后列出对方许多缺点，只是为了证明自己有多么不喜欢对方（这一切恰恰证明我们非常喜欢）。

令人迷惑！

说出"我想要"会迫使我们站在舞台中央。

你一定要勇敢。你要反抗内心每一个微弱的声音，当它们说追求自己想要的东西是愚蠢的、没有说服力的时，你一定要大声说出你要什么，即便底气不足，即便发音含糊不清，语速还特别快，让你甚至都没有时间去思考。重要的是，你说出来了——大声地说出来了。请明确地说出你想要什么。

坚持做下去，说出所有你想要的东西！

刚开始时，你可能会觉得有些奇怪，也可能会感到内疚，感觉自己自私自利。你可能会说出家人的需求而不是你自己的，因为这样才像是做了对的事。但请记住了：只为自己发声。

所以，你到底想要什么？

勇气与信心

有些人错误地认为，要想说出自己想要什么，就必须有与生俱来的自信。事实并非如此，我认为自信是勇气的"副产品"。

我再次强调：自信是勇气的"副产品"。

勇气是敢于也愿意冒险。勇气是做一些让你恐惧的事，你会发现：只要迈出第一步，就会有个更伟大的力量为你效力。

勇气是在内心恐惧的情况下，是即便感觉自己是个彻头彻尾的失败者，但无论如何也还是会去做。勇气是人们真正应该歌颂的，因为自信不是人们生来就有的，但勇气生来就有。

自信是一种后天习得的行为。如果你愿意的话，这是一种次要行为或结果。

只有当你向前迈了一步，做了一些跨领域的事情，然后发觉一切都还顺利时，自信才会出现。但在此之前，你要有勇气，要去做一些你还没有准备好、但是仍然会去做的事，因为你知道这对你有好处。

你必须要有勇气——不是自信，因为自信是勇气的"副产品"，总会来的，而勇气——会让你大声说出你要什么。

找到这种勇气会带来更多的金钱、机会和财源。

着眼于未来目标

你在舒适区外做事（比如大声宣布下一年你打算赚多少钱）时，那一刻的恐惧会彻底淹没你。此时，你做事的根本原因，也就是那个"为什么"，可能会变得模糊不清。我们对必须要做的事情感到异常紧张，以至于我们忘记了为什么要"去做"。

但是最后我们梦想成真了！

你现在选择读这本书，那么我就会假定你的未来目标是让自己过上更富裕的生活：实现财务自由，谈论金钱的话题时感觉轻松有趣，而非紧张和沉重。

你要大声说出自己想要什么，尴尬或畏缩的情绪都将过去；你要全神贯注于它将会带来的东西，想想终极目标：更多的财富和更丰富的生活！

你必须克服最初的忧虑，鼓起勇气去实现你想要的。你的生活和经济状况——完全取决于它。

人们总是很快就会遗忘

通常我们缺乏勇气是因为害怕失败：当众把事情搞砸，自己变得不堪一击，被他人嘲笑。也许你会觉得自己现在还不够强壮，没办法忍受任何形式的挑剔。朋友，我不知道你经历了些什么，但我知道找回勇气是最难做到的事情之一。

人们忘却事物的速度很快。就像人们常说的，今天的报纸就是明天快餐店的包装纸。人类总是需要更多的新闻报道，更多的流言蜚语，更多的特殊事件。当你全身心地关注着你眼中的"大事件"时，比如你终于承认自己已经厌倦了负债，并希望在12

个月内还清债务，你会感到全世界的目光仿佛都聚集在你身上。

"她刚刚说什么?！她要在 12 个月内还完所有债务？好像是！你没看到她刚给自己买了件新衣服吗？她要是想攒够钱的话，就不能点外卖。"

这是我们大脑自己编的故事。

事实是，有些人真的会这样想，还有些人甚至会说出来。但是，你知道吗？谁在乎呢？到了明天，这些想法就是旧闻了。人们会去关注下一个人物，下一个故事，下一场戏。

你的生活并不需要会做出这种反应的人——你压根儿也不需要在乎这些人的想法和评论。

你在做大事。

最坏的情况是什么

对自己诚实点儿吧。坐下来好好地思考一番，想想如果你有勇气说出自己想要什么，最糟糕的后果是什么，的确会发生这样的后果吗。这不仅适用于谈论金钱方面的需求，也适用于任何事情。你是否经常思考这些潜在的坏结果？

"简可能认为我太狂妄自大了。"

"安妮可能认为我太自私自利了。"

"他们会在下次的晚宴聚会上，围坐在一起谈论我，而我不在那儿，根本没办法辩解。"

说实在的，这真的不值得你担心。这又不是你家房子着火了，你爱的某个人去世了或者地球马上就要毁灭了。

这么说吧，被黄蜂蜇一下都比这糟糕。但出于某种原因，我们的大脑就喜欢这样夸大其词。世界上最糟糕的事就是人们不喜欢我了！

实际上，最坏情况发生的可能性是微乎其微的。有人可能会议论一些关于你的事情，或者有人可能会想到一些关于你的事情。但如果理性地看看有可能发生的最坏情况，我们就会意识到，这种担心往往是相当愚蠢的，大脑正在把微不足道的事夸大成世界末日就要来临。

最好的情况是什么

我的理财顾问珍，很早就帮助我培养了一个习惯，那就是问自己："最好的情况是什么？"这可能和我们以往所学的不太一样，也与大多数人的想法大相径庭。

问自己"最好的情况是什么"可以放飞你的思想。如果你能放松地沉浸其中，那么你就可以展望事情的发展方向。你可以想象所有伟大、美妙的事情，即使你现在认为它们遥不可及，但它们仍然有机会实现。给自己一个遐想的机会吧。

如果你想象到的是一条康庄大道，即便感觉很缥缈，那也不错呀，起码证明你有潜力。这种潜力将促使你从一个自认为1年只能挣3万英镑的人，变成一个自认为1年能挣30万英镑的人。

所以从现在开始扪心自问："如果我说出我想要什么，最好的情况是什么？"

也许某人会说："哦，等等，我可以帮你。"

也许你会因此更有勇气，因为你在追求自己真正想要的东西，而这又将进一步提升你的自信。

让自己得到想要的

现在，希望你开始意识到，搞清楚自己想要什么是一件很正常的事，并且最好是搞清楚了之后，大声说出来。搞明白自己要什么并不意味着你自私。如果你还有这种想法，我建议你问问自己："过去是谁影响了我，导致我现在说出想要什么会有羞愧感？"

自信是后天习得的，羞愧也是如此。如果你对说出自己想要什么而感到羞愧，那很可能是因为你曾经说出自己的愿望而遭到羞辱。

试着反省一下这种羞愧感是从哪儿来的（或者说，是谁造成的），他们对你的羞辱，更多地是在说明他们是什么样的人，而不是在定义你。他们往往没有勇气说出自己想要的东西。

这是一个保护层，一个投射保护层。如果我没办法拯救自己，那我就转嫁给其他人。在自我探索的道路上，你经常会发现这种暴露丑恶嘴脸的行为。

羞愧是一种强大的情绪，它不应出现在你创造财富、追求理想生活的道路上。

你要允许自己去追求想要的东西。大声说出来，甚至吼出来！现在的我，可以自豪地对任何愿意倾听的人，说出我想要什么。事实上，我有一大堆想要的东西。我很坦率地谈论自己想要什么，如果你关注了我在社交平台上的账号，一定会发现我已经就此强调过很多次了。

- 我想去棕榈泉旅游。
- 我想要大英帝国勋章员佐勋章。

- 我想赚 100 万英镑。
- 我想挣钱的速度比花钱的速度快。
- 我想送女儿去私立学校。
- 我想每年至少和我丈夫进行一次浪漫旅行。
- 我想带全家享受一次免费的豪华假期。
- 我想创立一家改变人们生活、家喻户晓的企业。
- 我想上电视。

你读起来感觉如何？你是不是在想："天啊，她脸皮太厚了！"很好。你得习惯这样的想法。

我喜欢分享我的想法。我认为这是种力量，会强化这些想法，促使梦想照进现实。我知道，我说得越多，告诉的人越多，就越有可能实现梦想。

同时，很多关注我的人开始告诉我，他们也被激励了，他们开始说出自己真正想要的东西。许多人给我发信息，讲述我是如何帮助他们打开了人生的新世界，面对自己从未想过要面对的部分，并从生活中得到真正想要的东西。

所有的一切都只是因为我说出了我想要什么。对欲望诚实不仅会帮助你寻得宁静与力量，同样也会帮助其他人。

这就是为什么大声说出你想要的会更有可能得到你想要的。

这是一种承诺

人们通常不愿意分享自己想要的或大声说出来，因为这会变成一种承诺。这既有积极的一面，也有消极的一面，取决于你如何看待它。

消极地说，人们会逃避承诺。你可能会想，"我不能说出来，我今年想去度假，如果我没去成，那么人们会觉得我是个失败者"。

可以看出，对失败的恐惧是逃避承诺的一个很重要的原因。我们不喜欢分享自己可能会搞砸的事情，这很正常。这是一种规避批评和审查的自我防御机制。在这个社交媒体上随处可见"高光时刻"的时代，人们很少谈论失败。我们可能会听到他人谈论某次失败，然而正是这个失败教给了他们人生中最重要的一课，让他们创建了价值百万美元的公司。

说出"我想要"不仅仅是一种公开宣言，它还意味着你要对自己负责。如果你稍微有一点不愿意做这项工作的情绪，或者产生实现不了目标的念头，你就会发现自己开始害怕分享。实际上，这是一个明显的信号！

承诺可以是一件很积极的事。你愿意对自己做出承诺，去实现梦想吗？

现在，让我们来全面了解一下承诺和责任吧。我认为我们在这方面的讨论还不够。我们通常不认为我们所做的事情有价值，除非有外部验证。在相信自己之前，我们需要别人来告诉自己，我们有多厉害。

但你知道这有多不理智吗？

要想实现本书中写的任何目标，你都必须要成为一个能自我证明、自我肯定并对自己负责的人。因为你想要，所以你许下承诺，这很重要。

承诺也是促使你大声说出自己想要什么的有效动力之一。如果你是真心坚持，并想成功地完成某事，那么大声承诺就是积极和鼓舞人心的。毕竟，让别人看到你的失败（如果真的是这样的话）可能会感觉很糟糕，但连给自己一个承诺都做不到，那感觉会更糟糕。

你的确会下意识地不想放弃自己，而在潜意识里大声说出想要什么，有助于你深刻地铭记自己的目标。你的潜意识将开始为实现它而努力，去寻找途径，为你实现最迫切的愿望提供机会。甚至在你晚上入睡之后，大脑还在迸发灵感或试图解决问题。

把你的潜意识和你想要实现的目标联系在一起，可以帮助你更快地获得成功，因为你的潜意识通常不会让你失望。

你没那么容易向失败屈服

我们都是大忙人，任何时候都可能有一大堆的事要做，从孩子的生日到朋友的婚礼、买房、跳槽，以及生活中的其他琐事。

这种忙碌意味着你很容易承诺，如果一开始就没有人知道这些承诺的存在，你会更容易逃避。你只会抱怨同事把她的工作丢给了你，又或是你5岁的孩子传染上了一头的虱子回家。如果你从来没有对外宣布过你的目标，你也就从来没有承诺过；如果你没有承诺过，那你就更容易向失败屈服。因为没有人对你追责，你就会很容易放任自己。

"放过自己吧！"你可能会对自己说，"这一晚上，我只要把女儿头发里的虱子抓干净就好了，我可没时间去做其他的，反正我也从来没有告诉过其他人！"

此时此刻，你要利用好你对失败的恐惧，以及你对别人的看法和评价的恐惧。如果我大声说出目标，告诉了别人，那么尽管实现目标会很难，我仍然知道目标的存在。尽管我告诉过你，不要在乎别人的想法（我还坚持这一点），但如果时间和地点都恰当的话，你还是可以充分利用这一点，既然担心别人对你的看法，何不利用这种担心产生一些有益的推动。担心其他人会认为你是个失败者，那就不要放弃自己的目标。

宇宙可以听到你的声音

最后，我相信，你在谈论你想要什么时，宇宙是会来倾听的。对这个问题，我没有任何复杂的、基于心理学的解释，这只是我多年以来的观察。我始终认为，只要我说出的东西和我潜意识里的欲望不一致，那什么事情都不会发生，就好像我只是站着一动不动一样。如果一定要有什么事情发生的话，那差不多就是更多糟糕的事情——一些我完全不想面对的事情。

吸引力法则通常认为宇宙是听不见细节的。如果你总是说"我不想变穷"，宇宙听到的就只有"穷"；如果你全神贯注于你想要的东西，比如"我想变得富有"，它听到的就是"富有"。然后，宇宙会"传递"相应的东西给你。

尽管我找不到任何科学研究来支持这种信念的魔力，但是积极心理学是支持它的。

我相信，"我不想变穷"的想法只会产生消极的情绪和匮乏感。而用积极的方式表达，说出"我想变得富有"会让你保持一种更加积极的心态。你想的是事情可能会变成什么样子，而不是你不想事情变成什么样子。

不论你信不信宇宙的力量，你说话的方式和选择的语言都会对你的生活产生巨大影响。在下一章，我们将深入探究哪些词汇和语言会让你感觉自己像一个刚出炉的又"坏"又有钱的人。

练习

在这一章的结尾,我希望你真正弄清楚你想要的。

写下你想要的,并马上大声告诉别人。你是在对自己许下承诺,所以我希望你可以做以下事情。

1. 想想你要什么。
2. 把它写下来。最好是写在你经常能看见的地方,比如手机屏保或你的抽屉里。
3. 大声说出来或者告诉一个会监督你的人,然后去实现它!

第 4 章
重组你的大脑

我以前以为，如果我想赚 10 万英镑，我只需要制订好策略和计划，就可以快速地把 10 万"亮闪闪"的英镑存入我的账户。一想到这个，我就看到了积极行动、释放能量、施展手段、不停交易、拼命工作。坦白说，我关于赚钱的理念近乎一种剥削，它有一种奇怪的阳刚之气。这或许是因为我仍然把赚大钱和男人联系在一起，这成了我和心理分析师的另一次谈话内容。

我想挣 10 万英镑，但这个明确的目标并没有将我的注意力集中于内心世界，也没有让我反思自己需要何种心态。我关注的一切都是外在的——卖什么？卖给谁？卖多贵？

这是符合逻辑的，你想要赚钱，那就得搞明白该怎么做！我就是这样想的。

解决赚钱的后续问题是赚钱的一部分，但那不是最重要的部分。最重要的部分难度很大，几乎比真正出去闯荡还要难。

但是我可以保证，除非你先做下面这件事，否则你出去闯荡也是没用的：

关注自己的内心世界。

让我来告诉你一个赚钱的秘密：你相信自己能赚多少钱，会直接影响你实际能赚的钱。听起来很玄，对不对？这句话表达的意思有些模糊，但是，我的朋友们，这就是至理名言。并且，这个至理名言是你赚钱的第一步。

赚钱的第一步就是让自己相信，自己就是赚大钱的人。你要相信自己真的能行。你也可以拥有——10万英镑，或者任何你想要的数字。

这时，我们潜意识中的障碍和限制性的念头就会运作起来。无论我们如何想象自己未来的富裕生活，或是想象自己10年后在地中海的游艇上，只要你的潜意识说"不，朋友，不要信这个"，那这一切就不会出现了。

我一次又一次地发现，这种情况不仅出现在我身上，还出现在与我共事的许多企业家和创业者身上。一个典型现象就是定价环节。

我认识许多小企业家，其中有部分是从事服务业的。我经常会看他们的定价结构并且提醒他们，他们的定价太低了。他们并没有按市场价格制定合理的价格，而且我清楚地看到，他们的工作提高了客户的生活质量，但他们没有收取足够的费用。他们经常遇到涨价障碍。"我的客户不会接受涨价。"他们说。他们的潜台词是："我才不信我能收那么多钱呢。我不知道我的商品和服务够不够好，我可不想因为提价而惹恼我的客户。如果我提价了，他们搞不好会对我的工作挑挑拣拣，并发现我其实不行——我不行。"

我从很多人那里听过类似的话，但我从来不认为他们做得不够好——我确信他们的客户也认可他们。但是他们对自己以及自己可以收费的东西没有信心，这个问题很突出。钱是个有趣的玩意儿。钱有一种能量，不论你是在谈钱、花钱，还是欠钱，都有一种超级能量存在。钱的能量我无法描述，但我想你懂我在说什么。你欠别人钱时，总有一股控制着你的力量；又或是你有够多的现金，在付完账单后还有余钱可以犒劳自己时的喜悦。

金钱蕴含着能量，所以你需要好好利用它为你服务。你必须训练自己，相信自己可以富有，可以赚到想要的钱。

我和朋友最近一次的聊天中，谈到了我的企业如何在下一年实现40万英镑的营业额。我意识到，我们坐在那儿规划一些实际操作计划是毫无意义的。相反，我们需要做的是坚定信念，相信自己一定会实现——我就是那种可以实现40万英镑年营业额的人。我们要怎么做到这点呢？只要简单两步就行了。

我们弄明白了为什么我认为这是不可能的。就我而言，我感觉这比我认识的任何人——我的父母、祖父母、朋友——挣的钱都要多。我不认识"像我一样"，赚了那么多钱的人，所以这种感觉不真实。

有了这方面的认识，我开始研究那些"像我一样"的人，以及那些创建企业并实现了如此高营业额的人。我看了社交平台上其他妈妈以及出身平凡的网红。我意识到她们能行，我也能行。

有时，你需要的只是一点点证据。一旦你相信了某事是可能的，整个氛围都会改变。

你自信地报出你的价格，客户会毫不犹豫地接受。

你有一种强烈的感觉，你可以赚到自己想赚的钱，然后就真的实现了。

你认为工作加薪是你应得的，因为你终于自信地去提要求了。

当坚信某件事会发生时，你就会感觉好像空气中有了什么神奇的、没法解释的东西存在一样。你只是自然而然地就相信了它们，它们吸引着你的自信和信任。

要是有人不自信，你也可以马上察觉到。这是一种绝望的气息，不真实的感觉，就像有什么东西"坏了"一样。不管那个人是在你面前，还是在电话的另一端，甚至是在电视上：如果他们说了个数字，但是他们内心深处还是不相信自己能做到，那么你立刻就能察觉到。

我不希望你这样不自信。我希望你相信自己，能够赚到想要赚到的钱。

这不是一晚上就可以实现的。就以我为例吧，我必须从一个年收入2万英镑的人变成一个相信自己能赚到5万英镑的人，然后是10万英镑，然后是20万英镑，以此类推。我还在这段旅途中（我也还在努力，相信自己能实现40万英镑的年营业额）。

很幸运，我们的大脑不是固定不变的。我们的思想、信仰、行为都很容易改变，因为存在"神经可塑性"——大脑有能力在任何选定时刻进行自我重组[①]。

把我们的大脑想象成一片辽阔的土地。这片土地上已经被踩出了各种各样的小路，我们可以从一个地方到另一个地方。我们很熟悉这些小路，走得很顺畅，因为我们已经走过成千上万次了。脑海里这些小路被称为"神经通路"，它们影响着我们思

---

① 资料来源：https://en.wikipedia.org/wiki/Neuroplasticity。

想、信仰的形成，也创造了我们的行为。举个例子，如果我从这片土地的一边走到另一边，走的是一条我一直走的小路并带回了食物，那么我就会产生一个非常坚定的信念——如果我想要食物，那我就要走这条小路。

然而，如果选择创新，我们随时可以踏出新路径，创建出新的神经通路。如果我要挑战自己，去寻找或开辟另一条小路到另一边去获取食物，我应该也能成功。寻找新路径可能更具挑战性，因为草或许长得更高，道路也是陌生的，但我可以试一试，看看会发生什么。如果我走到了另一边，并且成功地采集到了食物，那么我就知道下次还可以走这条小路。我走这条小路的次数越多，这条小路就越容易被找到。随着时间的推移，旧的路线开始慢慢消失，直到它几乎不存在。

但开辟新路径并不总是那么顺利。有时候我们会发现自己又走回老路上去了：我们习惯性地恢复了原来的行为举止和思维模式。然而，如果我们不断采取措施，促使新神经通路常态化，那么它最终会成为我们的第二天性。这个过程就是神经可塑性。

我们做事的方式是可以改变的，我们是可变的。这是科学。

使用积极语言

在改变了自己的金钱观之后，我第一次体验到了神经可塑性的作用。从那以后，我对很多事情的态度变得更加灵活，这对我生活的各个方面都产生了积极的影响，从应对焦虑到改善我的健康，甚至是我的饮食方式。如果你能学会重组你的大脑，并让它相信你可以拥有更多的钱，你就可以用它来做很多其他对你有益的事情。你准备好成为最好的自己了吗？

努力开辟些新路径吧！

接下来，我要告诉你如何把传统的限制性观念，转化为关于金钱和其他更多事物的积极观念。

你的语言

消极的语言表达具有破坏性，特别在金钱方面，经常说消极的、缺乏眼界的话，会产生以下 3 种后果。

- 它强化了你潜意识中的某些观点——你不可能"实现"自己想要的。
- 它拒绝了潜在的外在积极因素。
- 它会吸引用同样方式说话的人。

你之所以拿起这本书，是因为你想吸引更多的机会和金钱进入你的生活。不过，我也知道，也许你还不相信我的方法是行之有效的。不做任何努力，然后说"我想赚 100 万英镑"，当然感觉还是不错的。但如果你的潜意识不相信可以实现这个目标，那改变就不可能发生，你的潜意识和目标要站在统一战线上才行。

语言是我们最容易下手的地方。毕竟，大多数人每天都花大量的时间说话，注意到存在的问题并迅速做出改变是切实可行的。

但是，为什么我们说出的话那么重要呢？我们交流的时候，肢体语言和潜台词难道就没有影响吗？

通常，我和丈夫要是陷入了长时间的争论，我喜欢提醒他肢体语言的重要性。

"我说那句话的时候,你为什么要绷着脸?"我问他。

"绷什么脸?我没有绷脸。"他回答道。

我相信很多人有过这样的经历:嘴上说着一个意思,肢体语言却表达着另一个意思。这感觉有点奇怪。一记不明显的白眼,双臂交叉抱胸,或一声叹息。我丈夫倾向于让我注意他说的话,而不是他说话的方式。"80%的交流都是通过肢体语言进行的!"我喊道。他是个有逻辑的人,所以他喜欢简洁的表达,他经常说道:"我说了什么,就是什么意思。"

我希望我也能有同样的感受。不知为什么,在激烈的争论中,我会变得词穷,什么巧妙的语言都会被抛诸脑后,最后我会变成一团巨大的火球,情绪占据了上风,来不及思考,恶语就从我口中蹦了出来,造成预料之外的伤害。我是一个情绪化的人,在生活中许多事情面前,我说话几乎都不经思考,脱口而出。

后来,我注意到了一点,在重新塑造金钱观时,我越发能言善辩。我学会说话前先思考,增强自我意识,变得出口成章,积极向上。我不是生来就如此,也是后天才学会的。

从前,我谈论金钱和机会时和我同我丈夫吵架时一模一样,情绪激动,言辞夸张。我会说:

"我这辈子都买不起这东西。"

"我不可能会有钱的。"

"我也想买得起,但那怎么可能呢?我可能要一直穷下去了。"

我在扮演受害者的角色。我真想回到过去,摇醒自己!语言比我们预想的更有力量,不仅会影响他人,还会直接影响我们的潜意识。不断用日常语言强化我们的疑问或缺乏信仰,会使我们的潜意识与目标越来越远。

为了了解我们的语言是如何影响潜意识的，我咨询了专家杰奎琳·赫斯特（Jacqueline Hurst）。她是一名得到认证的生命教练、临床催眠治疗师和高级神经语言程序学从业者。杰奎琳说：

> 你的想法是会变化的，并且真正重要的是你如何与自己沟通。神经语言程序学能够帮助你更好地明白"地图并非真实的疆域"。换句话说，你内心的想法决定了你如何看待生活，但是那可能并不真实。
>
> 信念对人生结果的影响，是举足轻重的。很多时候，我们的信念都是失真的、概括性的、或存在局限性的。你若想要改变自己的生活，首先要改变的就是自己的思维方式。
>
> 如果我们把主观的、可能扭曲的对现实的看法误认为是现实本身，我们就会受到限制、变得沮丧，而且会停滞不前。这看起来就不是那么舒服了！最终，我们都会有不同的做事方式。比如，你分别问植物学家、顺势医疗论者、厨师同一个问题——什么是薄荷，你可能会得到 3 种完全不一样的答案。由此可见，你看到的世界可能并不总是真实的。了解你自己使用的语言是改变你生活的第一步。
>
> 内心的那个小声音——就是整天跟你唠叨的那个，它就是你要控制住的声音，现在是时候训练你的大脑了。
>
> 首先，找出你可能存在的主要思维错误。比如，你有"灾难化思维"吗？你有读心症吗？你会投射吗？你把自己的想法当成事实吗？
>
> 其次，问问自己，你的想法是不是一直都是消极受限的？如果是的话，那么是时候改变了。方法就是：改变你看

待事物的方式，那么你所看的事物自然会随之改变。

要知道，你有权利去完全掌控自己的思想。

举个例子，如果你在对自己说"我一定要挣更多的钱"时感觉沉重压抑，那你就把这句话换成"我可以挣更多的钱"。是不是感觉好些了？或者你可以将"钱嘛，就是很难赚的"改成"钱每时每刻都在转手——可不就是难赚嘛"，感觉痛快些了吧！

当你对自己说一些消极的话，比如"这是不可能的"或者"我永远都做不到"时，你可以尝试寻找证据来反驳这些话。你可以找到证据证明，有些事情是可能的，或者你能做到。用积极的证据来反驳消极想法是非常有效的。

要想获得一直期盼的结果，你必须要了解自己是怎样管理思想、感觉、语言和行为的。先想想自己究竟在想什么吧。你所思考的决定着你的感受，你的感受决定着你想做什么或不想做什么，而又将最终决定你收获的结果。这所有的一切都源于你的思考。

其实，积极语言的力量并不是什么新鲜事了。从运动员、野外探险者和每天面临挑战的人那里，都可以听到积极语言的重要性。一些看似简单的话，如"是的，你做对了，小菜一碟嘛！"会很有用。

积极语言给事情的发生留有空间。它们充满了可能性，它们打开了思维。消极语言是限制性的，它们封闭且不可更改。如果我们试图敞开心扉，去接受自己能赚更多钱的想法，消极语言就不太好了！

如果你想跑马拉松，要给自己做点心理建设，那么你不可能在比赛开始的时候对自己说："莎拉，你知道吗，你不行的。你最好现在就放弃。比赛很难的，一路上坑坑洼洼的，你的脚本来就痛，跑下去有什么意义呢？"

你已经预定好了结局，而且预定的似乎还不太好。作为回应，你的身体就会懒洋洋地想要尽早放弃算了。

试着对自己说这些话看看："比赛太容易了。我感觉自己身轻如燕，我准备好挑战了，来吧！"此时你可能会发现自己的身体可以跑得更远，能更努力地推动自己，并到达终点线。

如果你在健身房锻炼过，你就会知道心情好的时候和心情不好的时候，锻炼的感觉是完全不同的。积极的心态就是一切。越来越多的证据表明，语言和运动神经体验在大脑中是有联系的。

2012年，研究人员进行了一项研究，旨在调查积极语言是否会影响运动技能（本例中的研究对象是人的握力）。[①] 实验参与者要在听到用肯定句式或否定句式说出的"动作目标词"后，准确握住相应的传感器。科学家发现，听到肯定句式后不久，参与者的握力会变大，但听到否定句式时，其握力没有变化。参与者听到的积极句子是："健身房里，菲奥娜举起哑铃来了。"他们听到的消极句子是："飞机上，劳拉连自己的行李都拿不起来。"

虽然这是第一批研究语言对身体影响的研究之一，但其结果相当惊人。如果我们知道积极语言可以影响身体机能，那它对我

[①] 资料来源：https：//journals. plos. org/plosone/article？id＝10. 1371/journal. pone. 0050287。

们相信自己能达到的目标又有什么影响呢?

语言令人烦恼的地方就在于人们对它习以为常。你要花点时间才能发现自己在金钱问题上使用的语言是消极的。消极语言不总是那么明显,就像朋友约你出去吃晚饭,你可能不会说:"不行,我太穷了。"但如果你答应外出吃晚饭,扫了一眼菜单后你很有可能脱口而出:"哇,那个龙虾看起来很好吃!哎呀,不过太贵了。"

你还没注意到时,消极语言就可能已经出现并对你的思想、行为产生影响。你自己的语言习惯是原因所在,朋友的语言习惯也会对你产生影响。一些商品被评论为"贵得离谱"似乎是很正常的,有些时候,某些东西的确贵,但是你没必要说出来。你越早发觉自己说出消极语言,就能越早改变自己的语言模式。在寻求同情或表现得过于戏剧化时,你通常会说出消极语言。我认为在改变金钱观的过程中,语言是最首要也是最简单的方法之一。

你可能想知道,要怎样才能改变自己消极的语言表达,变得更积极,下面是一些对我来说很有效的例子。

变换语言

把"我这辈子也赚不到那么多钱。"
变成:"我期待有一天我也可以赚那么多钱。"

把"我买不起。"
变成:"我暂时不在这方面花钱。"

> 把"哎呀，那个看起来不错，总有一天是我的！"
> 变成："哎呀，那个看起来不错，很快就会是我的了。"

现在当我谈到想要的东西、机会或金钱时，我会尽量用积极语言。通常我的发言会使用开放性结尾，充满各种潜在的可能性。即便你在想什么消极或具有局限性的东西也不要大声说出来。假设一下，你大声说什么，什么就会发生。把这个假设当成你在向宇宙许愿，然后说"给我这个吧"。

如果你说："我做不到，我身无分文"，坏事可能成真，宇宙会说："'你'身无分文？满足你！"所以，你可以把宇宙当成一个脑子不太灵光、耳朵也不太好用的人。就像你隔着很远对你要去商店的丈夫喊道："不要买任何糖，亲爱的！"你丈夫可能听到的是："蜜糖，亲爱的。"所以他去了商店，高兴地买了包糖带回家给你，他还自我感觉挺好的，认为自己买了你需要的东西。但是你知道要怎么避免这个吗？别告诉他，你不要什么。事实上，当你不想要什么的时候，连那个词你都不要提。你只要关注你真正想要的，然后说话时把这一点表达清楚，并把它放在脑海中最重要的位置。你所谈论的任何事都像是在给宇宙下命令，命令它发生。所以，我们要一直讨论积极的事情，而不是明确声明目前糟糕的财务状况，这是有道理的。时刻关注糟糕的现状只会让我们停滞不前。

我不想骗你，刚开始使用积极语言的那段时间还是挺难的。你还是希望有人能知道，你一天拼命工作 16 个小时，却仍然点不起一份外卖。

我理解这种心态是因为我也经历过。要想避免说出期望引发同情的语言还是有难度的，但是这种语言只是把你包装成受害者，而成为受害者不会让你变得富有。

如果你感觉事情很难做——我不是说要压抑你的感觉，只需要对自己说实话。如果你想要说，试着告诉一个朋友："我可以和你聊聊吗？我现在真的很生气。我工作忙到脚不沾地，我希望获得更多认可，经济上的也好，个人上的也好。我知道我注定要取得更多的成就。"

那宇宙听到了什么？

"我想要更多的认可。"

"我知道我命中注定要取得更多的成就。"

你可以用简单的话语表达自己。在组织语言的时候，试着留下更多的空间去成长，去孕育机会，不要用有局限性的心态发表意见。有时候，你要花点时间才知道该说什么。即便是现在，我有时也还会遇到麻烦，我还是会犯错！只要对跟你说话的人说，"等等，我正想法子怎么正确表达这件事"。

一段时间后，找出自己的消极语言就成了一个有趣的游戏。我的意思是，以前我所认为的乐趣是自娱自乐，或者在狂欢聚会上跟朋友聊到凌晨4点。现在我认为的乐趣是找出我使用的消极语言。天呐，我成长了！

其他人的语言

另一个关于聊天的问题：即使你已经开始掌握了说积极语言的技巧，也很容易返回旧习惯，尤其在喜欢抱怨的朋友身边。一旦你开始说积极语言,你就会发现原来自己身边有不少消极的朋友,他们总是喜欢抱怨金钱。

成为朋友圈中消极氛围的打破者确实具有挑战性。你注意到你朋友的语言是多么消极,他们可能也会注意到你的变化,因为这不是你的风格,而是一种全新的表达模式。他们很可能会因此取笑你。坚强点!他们可能还没准备好改变自己的财务状况,但是你准备好了。时间久了,他们会发觉你对生活全新的乐观态度,他们有可能也因此尝试改变他们的行为。

哪怕你遇到了新朋友,你也会开始注意每个人的消极语言。我很快就能发现朋友的消极语言——而且我经常纠正他们!但我不是用消极的方式去纠正,我会说:"等等,你很厉害哟——你当然很快就可以去度假了。"我发现很多女性对自己特别苛刻,因为害怕出丑,担心被说成是"喜鹊尾巴——老翘着"。除了自己改变,你也应该帮帮生活中遇到的女性朋友,帮助她们学会抬高而不是贬低自己,向她们展示怎么用开放性语言而不是封闭性语言,把她们从受害者表述中拉出来,但是注意措辞委婉点儿,没人喜欢被别人指出自己是在假扮受害者角色。给他们举些例子,告诉他们如何使用积极语言。你也可以和你的孩子一起做这件事,教育孩子对金钱树立积极态度是很重要的。

接受赞美

人们贬低自己的时候,通常发生在他们回应赞美时。

学会接受赞美是很重要的。我经常对朋友说:"你做得太棒了!"但是很多时候我会听到这样的回复:"真的吗?我觉得我搞砸了。"我真想摇醒他们！接受赞美是肯定自我价值和构建自信的重要部分。另外，接受赞美时会流露出一种"是的，我很棒"的自豪感，这让大家都很佩服。

碧昂丝这样的明星被夸赞之后肯定不会说："哦，不知道，我觉得自己的表现很糟糕。"她们知道自己很出色——你也应该如此。

你与外界的对话以及自我陈述中所使用的语言很重要，你对别人的评论和赞美做出积极的回应也同样重要。你说话时不要贬低自己，也不要让自己"低人一等"。自己感觉"低人一等"的人赚不了钱。事实上，在所有认识的人中，我想不出有谁是既赚了大钱，又有自觉"低人一等"的心态。他们都知道自己有多厉害，也都相信自己。

如何接受赞美

"谢谢！"

看起来很简单，但执行起来却有难度。

试试吧。

"谢谢。"

你要说出来，说了之后就闭嘴，不要让自己有机会再自嘲一番。刚开始，你可能会觉得特别难为情，但在不知不觉中，接受赞美就会变成你的第二天性。

事实上这些语言都会演变为第二天性。我敢说，不出几个月，你甚至都不敢相信这些消极语言曾从你的嘴里说出来。当你听到思想有局限的人说着封闭且消极的语言时，你会为他们感到遗憾的同时，庆幸自己已经学会了如何解决这一问题。

> **练习**
>
> 在下面的空白处记录你听到的自己或周围人说出的所有消极语言。

试着找出自己习惯性使用的消极语言。如果你有志同道合的朋友，可以每天相互检查，督促对方，看看自己能否成功地将金钱观方面的消极语言从自己的日常表达中剔除出去。一旦意识到这一点，你会发现改变习惯变得更容易了！

第 **5** 章

建立"吸引"金钱的观念

"清醒点吧。"这是我在觉得自己陷入了困境,需要纵观全局时,会对自己说的话。我会保持中立,向后退一步放下我的个人情绪。

观点,是我们如何看待周围的人、事或物,是我们如何理解和这个世界有关的事物。很多人都认为,自己看到的世界就是真实的现实世界,然而它只不过是自己的个人观点而已。

什么是现实?每个人都有自己看事情的角度:个人信念、曾经的经验和先入为主的观念,构建了我们认为是现实的世界。比如,你在成长过程中遇到的每个有钱人都是贪婪和自私的,那么你很可能会先入为主,认为有钱人是贪婪和自私的。相反,我有着完全不同的经历。我遇见的有钱人,大多是善良、慈悲、无私和慷慨的。不管我告诉你多少次,你的观点不对,但它很难改变。那是你自己的现实,是你的世界。

你能为自己做的最有用的事情之一,就是意识到你的世界并不等于别人的世界。一旦明白了这一点,你生活的许多方面都将受益于此。你甚至会发现,自己与伴侣和孩子相处得更好了。以前我认为女儿是故意不停地打断我和朋友谈话，但是她可能只是觉得自己被忽视了，觉得我更喜欢和朋友聊天，而不是花时间陪她。如果我能在生气之前搞明白她真实的想法，可能有助于我冷静下来，甚至有助于我和女儿更好地交流，增进我俩的感情。

我们都听过"凡事都有两面性"这句话。很久以来，我把它理解为"凡事都有两面性，但其中只有一面是真实的——只有我理解的那一面才是真实的"。要想承认自己并不总是对的，承认其他人在用和自己完全不同的方式看待世界，这个过程还是很痛苦的。

观点就是你是如何看待发生的事物的。比如，在读这本书时，你无意间发现了一些以前找不到的钱。对此，一种观点是：这可能是巧合；而另一种观点可能是：这是宇宙传递给你的信号，提示你现在走的道路是正确的。

我和珍在讲授"金钱和显化理财"的课程时，短短几天时间内，就有学生吸引到了钱，还分享出了自己的故事。通常情况是，偶然在外面捡到一张 20 英镑的钞票，或有人主动提出请吃午饭，又或者意外地收到了一笔退款。每次看到财运出现在学生身边，我们都很开心。起初，我还觉得很奇怪，因为我们每次上这门课，都会发生类似的事情，我宁愿相信是大家在特定的时间里都交了好运！

我很感兴趣，这些钱的魔力就这样出现在了我们的学生身上。

我坚信这和能量群以及高调氛围（high vibe）有关。高调氛围，是指任何让你的灵魂和身体感觉良好的东西，它能让你因为爱感到精神振奋，而不是恐惧。从某种程度上说，我无法解释这种现象，我觉得当一群人聚在一起，分享这种高调氛围时，就会有一种魔力起作用。

如果我要你出去走走,数数今天路上看到的喜鹊,我想你可能会发现很多只。或者我要你出门数数一天看到的黄色的东西,你会震惊自己最终看到的结果。

你可能会想:"我从来没注意到,居然有这么多黄色的东西!"不知道为什么,到处都有黄色的东西。又或者是这个世界本来就满是黄色,只是你现在才发现而已。或者这只是个巧合?

巧合和共时性

"巧合"的定义是"相互之间没有明显因果关系的事件或情况显著并发",以及"在性质或发生时间上相对应的事实"。[1]

巧合就是如此奇怪。虽然巧合只是现象,但是有时候真的是过于巧合了,以至于我们不太相信这只是巧合而已。两个看似无关的随机事件"撞车"了,并共享了对方的魔力,难道不奇怪吗?

很多人不相信巧合。她们可能会说:"我一天之内撞见前男友两次了。这个绝对不是个巧合——我刚和朋友说过我想打电话给他。肯定有问题。有什么东西显灵了。这就是预兆——我们可能会复合。"

我不知道该怎么看待巧合。我确实喜欢被神秘力量引导的感觉,比如一些预兆,在我的人生关键节点帮我做出决策。你可能也碰到过这种情况,感觉来自宇宙的暗示正引导你朝着某个方向前进。但此时我的理性也在发挥作用。针对上面的例子,我会思

---

[1] 资料来源:https://www.lexico.com/definition/coincidence。

考：那个女孩想见她前任吗？她是不是正在想他，所以才会碰巧在一条一如既往的繁忙街道上，一眼从人群中认出了他，而不是和他擦肩而过？

仅仅因为人们喜欢秩序，以及感觉这样我们似乎可以掌控生活，所以大脑就喜欢围绕毫无意义的随机事件编故事吗？

20世纪50年代，瑞士精神病学家和精神分析师卡尔·荣格（Carl Jung）提出了"共时性"（synchronicity）的概念。他将其描述为"两个或两个以上事件并非偶然概率上的，有意义的巧合"。[①]

我把他提出的"有意义的巧合"理解为，事情可能是偶然发生的，但给人的感觉却不是这样。共时性，是指某两件事情发生了，就像受到了什么更强大的力量操纵一样。不仅仅是一个简单的巧合，更像是个精心策划的巧合。它是有意义的，但只对你个人有意义。

还是以上文中的那个女孩为例。她一天之内两次遇见前男友，然后开始想，这其中是不是有什么更深层次的寓意呢？对其他人来说这可能就是个巧合，但对她来说这就是预兆。再举个例子，一个相信命理学的人突然看到"11∶11"这个时间数字，诡异的是，你猜猜看，我开始写这章的时候看到了什么——11∶11。

我们眼中的预兆就是卡尔·荣格在共时性理论里解释的东西，就是在巧合中搜寻意义。而我们的潜意识就在做这份搜寻工作。

潜意识尝试着给一件可能只是巧合的事情，创造出可能有某种意义的感觉，从而引发情感。这并不意味着我们应该忽略

[①] 资料来源：https：//en.wikipedia.org/wiki/synchronicity。

这种情感，恰恰相反，我会听从这种情感。如果开始看到预兆或者共时性，我会格外留意它们。它们可能是你的潜意识，轻轻地（或者有时是显而易见地）推了你一下，让你朝着正确的方向前进。

现如今，我和大部分女孩一样，喜欢充满灵性、神秘力量的时刻，所以我不会排斥塔罗牌、通灵术之类的。其实对很多人来说，有些事情比如塔罗牌就是共时性的。塔罗牌的意义是解读者依照符号和释义得来的。如果你是个怀疑论者，那你可能从塔罗牌中发现不了任何意义。但是，如果你不是怀疑论者，那么你就会发现意义并产生共鸣。

简单来说，就是我们可以操纵自己的思想和信念为自己服务。你可以选择相信什么，也可以选择赋予什么事情以特殊意义。我的建议是，什么事情让你想要积极向上，你就可以相信它。

我们回到前面的例子，那个遇见前任的女孩——我们暂且叫她娜塔莉吧——很可能娜塔莉对前男友还有感觉，并不时冒出复合的念头，因此她在两人偶然相遇的事件中找到了意义。

我知道有些事情的确太巧合了，太不可思议了！记得有一次我列了一张清单，写下了我期望未来几个月发生的事情，其中有一件就是和时尚奢侈品牌莫斯奇诺（Moschino）合作。虽然我的确可以被称为"网红"，但是我绝对不是时尚界的网红。我从事品牌合作也有些年头了，已经和上百家室内设计品牌合作过，但是我只合作过3家时尚品牌。我之所以和时尚品牌合作较少，是因为我擅长的领域大多是创业、室内设计以及育儿。但是真是神奇，我写完清单后几个小时就收到了一封邮件，询问我是否有意愿和莫斯奇诺合作。我真的是不知道该如何解释这种巧合。

还有个例子。我最近和一个朋友聊天，她收到了一张大额税务账单。她为了缴税能省则省，累死累活，但还是差了6 000英镑。我和她聊天时，她还在为找钱还账而焦虑。她拼命做兼职，而且节衣缩食了好几个月。她发了心愿：钱会来到她身边，接着账单会被还清。我俩通话后一个小时不到，我接到了另一个电话。有一个品牌曾对这位朋友感兴趣，想和她一起合作一个项目，朋友那个时候报价4 000英镑。现在这个品牌又回来找她了，开价6 000英镑，并且能够在接下来的一周内全额付清。我之前几乎从来没听过，有什么品牌商愿意超过报价付费并且还一次性付清。通常情况是，你要经过一番谈判才能拿下满意的报价，并且完成工作后，你可能还要花上好几个月的时间去催回款。我朋友拿到了钱，并且很快支付了税务账单。

太神奇了！我觉得自己没办法解释。

这些事情的确让我一只脚跨进了神秘力量的世界。正像著名作家加布里埃尔·伯恩斯坦（Gabrielle Bernstein）说的那样："宇宙在背后支持你。"除此之外，我们并没有办法解释什么。

练习

你能想出最近发生在自己身上的一个巧合吗？写在下面。你觉得这个巧合有什么意义吗？读了本章后，你觉得这个巧合还有什么其他解释吗？

_____

_____

_____

我对类似事件的观点是，宇宙给了我们一个预兆。寻求一个预兆，然后就有预兆显现，带来无穷的力量。无论是宇宙在回应你也好，还是你的潜意识在以某种方式解读事件也好，只要你梦想成真了，就万事大吉了。

吸引好运还是厄运

有些人似乎天生就容易吸引厄运。他们像是一系列糟糕事件的受害者，而且无论发生什么坏事，他们都会撞上。这想起来可能会令人胆战心惊，寝食难安，甚至会给人留下心理创伤，并且对有些人来说，这简直就是个无法逃脱的死循环。

当我还在零售业工作时，我的领班就似乎总会遇到这样或那样的事情。有个周末，她和男朋友吵了一整夜没能来上班，接着她就食物中毒了，然后她又和一个同事打了一架……这样的事情一直持续下去，最后她被解雇了。在我和她为数不多的几次共同轮班里，我只听到了她喋喋不休的抱怨和叹气声，她抱怨生活有多可怕，抱怨她经常会遇到倒霉事。我每次遇见她，都会听到新的悲剧故事，每次她都会把所有的问题推给别人。她的表现让我只想躲开她，保护自己不受她负能量的影响。一想起她，我都觉得糟糕透了。

我不知道她究竟经历了些什么。每次谈话她都会没完没了地扯出每一个无聊的细节，我不知道她脑子里是怎么想的。她是从小就缺爱吗？是迫切需要关注吗？还是当受害者让她更加兴奋？谁知道呢——我又不是精神分析学家。

你很难花时间给这些人爱和能量，因为他们正在严重浪费能量；他们排除了每一份积极的可能性，否决了每一个他人提出的试图改善事态的建议。他们对每一个可行的解决方案都说"不"。

我们可能都认识这样的人。或许我们自己就是这样的人，或者有时表现得像这样的人。

在某些情况下——不是所有，而是有些情况下——我觉着这些人本身就会招惹厄运。你先不要大发雷霆，斥责我对遇到麻烦的人没有同情心，听我把话说完。毋庸置疑，真正的受害者是存在的，他们遭遇了无论如何都无法阻止的天灾人祸。我指的不是这群人。

我说的是那些无论环境如何，无论自己有多幸运，无论自己遇到了什么好事，终其一生都在扮演受害者角色的人。很奇怪——因为通常情况下，他们行进的道路上会遇到很多好机会，但是他们视而不见。这些人更多在吸引消极的东西。

在我看来，"吸引"什么样的东西和观点有关。

如果你每天只关注发生在自己身上的坏事，而不花时间关注每天发生在自己身上的好事，这意味着你眼中的世界每天都是消极的。

你就好像戴上了一副忧郁的眼镜，周围的整个世界都是忧郁的。如果你把所有的时间都花在消极的事情上，而不强迫自己去面对积极的事情，你的观点就会变得消极，拥有的就是匮乏心态。从理论上讲，这意味着你眼里的一切都是匮乏的，而不是富足的。

有人会吸引不好的东西是因为他们看待事物就是如此。如果全神贯注于不好的事情，你会得到更多类似的东西，因为大脑会把注意力集中在消极因素上，从而注意到更多消极的东西。

匮乏心态可能不会同时出现在生活的方方面面。比如，在爱情和友谊方面，你可能就是富足心态；而在金钱和财务方面，你就是匮乏心态。表面上看，本书的目标是让读者在金钱领域拥有富足心态。而实际上，我将努力让你在生活的方方面面都呈现富足心态，我向你承诺，你会看到成效的。我们只是先从金钱开始！

你是否真的因为吸引力法则或其他什么，吸引了一些东西，我不知道。就像巧合一样，有时候它很神奇，你根本没法解释。但是我的确相信，要是去寻找某样东西，你就会找到它的证据。如果你看待每件事都是消极的，那你就会看到生活中更多消极的东西。你的大脑会过滤掉所有好的东西，因为它们不符合你先入为主的观点和认知。

你的观点影响你获得金钱

要是理解了"观点"是什么，你就可以利用它。观点是可以被操纵的，可以为你服务的：改变你的信念、帮你变得更积极，甚至让你感觉自己在吸引金钱。

所以我们要怎么转变自己的观点，才能把匮乏心态转变为富足心态呢？

大脑喜欢决定某事，然后再寻找相关证据来支持它。即使大脑的决定是完全错误的，但它还是喜欢找证据。我们把它叫作确认偏误（confirmation bias）。

潜意识总是想找到重复的事情和可用的模式，从而预测出接下来会发生些什么。它所做的就是创造出一个舒适的认知空间，让你安全地待在那儿。为做到这一点，它会寻找证据来支撑我们已有的信念："这种情况'我'已经遇见过5次了，所以我现在认为它是事实。"也许在你成长过程中，父母、抚养人、亲友等给你灌输了这些所谓的证据，所以他们对世界的观点就变成了你对世界的观点。潜意识创造了这些思维模式来保护我们，因为置身于一个快速发展和变化的世界，我们如果不带着这些本能或信念去思考各种情况，会耗费太多时间，而且还可能让我们处于危险之中（真实的或设想中的）。

当某些可能危害我们的事情发生时，确认偏误还是很有用的。如果你在一条漆黑的小巷里看到有人鬼鬼祟祟地走来走去，这时你的确认偏误可能就会跳出来，告诉你可能会有不好的事情发生，督促你赶紧离开那儿。如果你不理会确认偏差，而是花时间去进行逻辑思考，那你可能就来不及躲避危险了——最糟糕的事情可能就要发生了。所以，确认偏误也有它的优点。

确认偏误的缺点是，它会喧宾夺主，寻找证据支持错误的或对你没有任何帮助的信念。

我们无视那些和我们信念相矛盾的地方；我们忽略所有不同的行为模式；我们忽视了那些说不喜欢我们巧克力蛋糕的顾客，因为我们已经尝过了，蛋糕很好吃，所以我们认为是顾客自己的味觉有问题。

和你想象的一样，这种做法会让我们误入歧途，然后做出一些糟糕的决定。

在政治中我们经常看到这种情况。如果我们已经选择了喜欢的政客和他们所代表的东西，即便可能有大量的证据来反驳我们，我们仍会选择忽视。我们会相信我们所支持的候选人的正面新闻，而忽视他们的负面新闻，并把负面新闻归结为其他党派的抹黑。更有可能发生的是，你和你选择的候选人分明对是非曲直有不同的看法，对世界也有不同的看法和观点，但你的确认偏误诱导你，不管发生什么都坚持和你所选择的候选人站在一起。

大脑是个固执的小东西。我们因为感觉不舒服，也因为恐惧，很少会去挑战自己固有的信念。我们内心深处觉得这不安全。因为如果我们在这一点上错了，那么在这个世界上，我们还有什么是对的呢？不，我们不想听。

当涉及金钱观时，确认偏误又出现了。一旦建立了某种金钱观，我们就很难改变了。但是根据我的经验，观念和看法是完全可以改变的。消极的金钱观不会帮我们赚更多的钱。

那么，我们要怎么避免确认偏误影响自己的金钱观呢？我们必须驳斥这一理论或信念。科学家为了确保自己不会无意识地操纵实验数据去贴近他们预想中的研究结果，就会这样做。在第一章，我们认识到了自己可能持有的消极金钱观。现在我们要尝试改变它们。

改变你的消极金钱观

下面有3个步骤可以用来改变你的消极金钱观。

1. 寻找证据。
2. 留在幻想世界中。
3. 记录你的进展。

寻找证据

首先你要认识到，自己有哪些消极的金钱观。答案可能因人而异，以下是一些常见答案。

- 钱是坏东西。
- 有钱人都贪婪。
- 钱越多，麻烦越多。
- 你必须努力工作才能赚钱。
- 像我一样的人永远赚不了大钱。

先列出你消极的金钱观，然后再开始解决它们。你现在要做的就是调查。我们以"有钱的人都是贪婪的"这个想法为例，去寻找反驳这一理论的证据：你可以在视频网站 YouTube、谷歌、社交媒体和其他平台上去寻找能够反驳这一观点的案例。

然后，开始整理相关的证据。你可以把证据写下来或者只是整理图片。从此以后，只要你听到"有钱人是贪婪的"，你就看看所有你发现的反例。当然，贪婪的有钱人还是存在的，但是也有很多有钱人并不贪婪。你要训练自己的思维去适应一副不同颜色的"眼镜"，积极地看待金钱而不是消极地。例子是常见的还是特例并不重要。我们并不是要获诺贝尔奖！我们要做的是在大脑建立新的神经通路，消除自己在金钱方面的确认偏误。找到一些积极的案例来反驳自己消极的金钱观，这样我们的大脑就会逐渐意识到，金钱可以成为生活的一大助力——我们可以成为，甚至可能很容易就成为有钱人。

如何反驳某些消极的金钱观

钱是坏东西

尽可能多地找出金钱被用于正途的例子。

有钱人都贪婪

找一些有钱人慷慨大方的例子。

钱越多,麻烦越多

想想你自己有钱的时候,发现金钱是有用的,而不是问题或压力。记录那些时刻。

你必须努力工作才能赚钱

想想你做有趣的工作还赚到钱的时刻,又或者回想一下你轻而易举就挣到钱的时刻。也许是一个礼物,一次偶然的胜利,一份比你想象中容易得多的工作。再次记录那些时刻和你的感受。如果你找不到自己的例子,就问问朋友(不是怨天尤人的那类人)或其他人,听听他们的故事。

像我一样的人永远赚不了大钱

找找和你同样出身却已经致富了的例子。

刚开始的时候,你可能会发现自己对这些论证活动有些抵触。这种反应很正常。只要坚持做下去就是了,把这项练习当成一项针对自己大脑的试验。本书的目的是改变你的思维方式和行为方式。你要是说服自己放弃它或者寻找它不起作用的证据,那么本书的目的就实现不了——你的确认偏误又一次占据上风!

留在幻想世界中

还有个办法也可以改变你消极的金钱观,那就是遵循"无知是福"的原则。我知道这句话经常用在消极的地方,但是朋友们,这里它仍然有积极的意义!

你在挑战自己的信念,改变自己的看法,并试图在大脑中创建新的神经通路,这时你必须稍稍保护自己。我们很容易就会陷入坏习惯或消极的思维模式,这可能会触发一种你难以控制的匮乏心态,所以我们要竭力避免这种情况出现。

当你在尝试着反驳自己消极的金钱观时,要忽视其他相反的观点。刚开始的时候你可能会感到棘手,因为你发现消极地谈论金钱很正常,而且你也会注意到主流文化中有许多理论都是建立在"金钱是邪恶的"这一基础上。你不能再来者不拒了,你要勇于剔除与积极金钱观相反的观点,训练自己只关注金钱的积极对话和思维。

我已经训练很久了,所以现在我可以听取不同的消极观点但又不受它们的影响。我可以听,然后提出反对意见,也可以只是听,但不会被影响。但是,我花了很长时间才做到这一点,我用了很多时间来教育自己,改变自己消极的金钱观,最终我才能够在与消极观点的对话中坚持自己的观点。相信我,如果你开始无视持消极观点的人,或者尝试只用积极的语言谈钱,你将面临挑战。坚定自己的立场并坚持下去是困难的,但如果你想成为一个会赚钱的人,这是必不可少的。

> 在建立新的神经通路之前,如何剔除对立观点?
> - 不要关注社交媒体上持有消极金钱观的人。
> - 如果你发现电视里输出的是消极的金钱观,那你就换个频道吧。
> - 和那些让你对金钱产生希望、满怀热情的人一起出去,而不是那些拖着你一起消极下去的人。
> - 读书,就读那些讲述积极故事的书,不要看任何讲述消极故事的书。

记录你的进展

当经历思维方式的重要转变时,记录你的每一个进步都是很重要的。记录将帮助你始终聚焦在崭新的积极的金钱观上。我们都知道,焦点在哪儿,能量就集中在哪儿!你要集中注意力,瞄准靶心。

刚开始的时候,你可能只会在自己产生消极想法,说出消极话语或做出消极判断时,才会留意、观察。花点时间停下来观察一番。我发现这个过程刚开始时,还是很有意思的,你会发现自己的大脑就像是只闹个不停的小猴子,而你可以扮成一个承担责任的成年人,坐在一旁观察它的野性。一旦你习惯了从消极的金钱旋涡中捞出自己,你就可以改变自己的观点了。回过头来看看那些证明自己消极观点不成立的证据,然后提醒自己去正面联想与金钱有关的理论与观点。

你也可以记录所有自己经历过的积极的金钱故事，或者你亲眼看见的别人的经历。也许是收到了一杯咖啡作为礼物，在公园里捡到了钱，看到朋友意外获得了退税，或者看到自己社交媒体上关注的某人正做着自己喜欢的事情谋生。用这些你收集到的丰富证据，反驳自己消极的金钱观。

还有个记录自己进展的绝佳办法，那就是每周都问问自己对钱的感觉如何，然后按照十分制给自己打分，一分最差，十分最好。随着时间的推移（当然这要点时间），你就可以看到自己心目中的分数开始变化了。我并不是说你永远不会遇到金钱方面的挑战，但你会注意到，越是关注积极的一面，训练大脑改变对世界的看法，那么当你处理有关的金钱的大小事情时，就会越容易——即便是有钱人也会经历这些。

记录下你的进展、你开始注意到的、你所经历的不可思议的事情，都将有助于你建立积极的金钱观，并创建新的神经通路。在不知不觉中，你就会感觉自己像块吸引金钱的"磁铁"一样。

练习

花几天时间，观察和倾听你身边支持金钱的积极声音。训练你的大脑，让你的大脑无论你走到哪儿，都能找到它们。你可能在广告牌或杂志封面上发现它们，也可能在儿童动画片中看到成堆的现金，或者在火车上无意中听到别人的对话中出现"钱"这个词。当你改变了关注点，集中注意力于其他地方时，看看你周围的一切都变成什么样了！

在下面空白处记录任何你所经历的积极的事或你周围的人所经历的。

第 6 章
开始行动

各位朋友，看完了前一章，是不是已经充分了解自己的脑袋里，究竟装了些什么吧。

现在理财致富之旅已经过半，我们一起来快速回顾一下吧。

在第一章，我们了解到环境对我们的金钱观可能造成了消极影响。这些影响无论来自父母、媒体、文化，还是朋友，都一直围绕在我们身边，潜移默化地影响着我们的思想和行为。然而，这些影响最终并没有为我们创造金钱和机遇，也没能让我们收获财富。由此可见，消极的金钱观很有可能让金钱远离我们。

在第二章，我们探讨了评判和嫉妒他人是如何阻碍我们吸引金钱的。要想开始迎接好运和财富，我们就不能再评判别人是怎么挣钱和花钱的。你刚刚学会通过"自我检查"做出积极的评判。尽管我们不可能每次都可以检查得出来——毕竟，我们都只是人而已——但是，保留了自己的判断就感觉好多了。不是吗？我反正觉着轻松多了。

在第三章，我们真正弄清楚了自己想要什么，并且第一次大声地说出了自己想要什么。说出或写下自己的需求，可以诱导大脑从潜意识层面帮助自己去实现它，因为潜意识绝对会接受自己提出的需求。你现在应该清楚自己想成为什么、想做什么、想拥有什么，而且你要把这些事情想象成自己生活的一部分。

在第四章，我向你展示仅凭语言，我们就可以改变自己的思维方式，创建新的神经通路。只要我们改变语言，避免所有和朋友或者和自己的消极谈话，我们就可以远离匮乏心态。最近你关于金钱的谈话怎么样了？有没有逮住自己说出某个消极词语，然后改口换成另一个更积极的词语？

在第五章，我们知道了确认偏误怎样阻碍我们奔向更富足的生活。我们讨论了为改变消极的金钱观，我们要怎样消除确认偏误，怎样揭穿大脑编造的金钱谎言。你可能已经开始收集证据，来帮自己改变消极的金钱观了。

在本章中，我想谈谈类似"吸引力法则"的东西。

视觉想象常常和吸引力法则联系在一起，因为视觉想象可以从思想层面，把你"反射"到你想吸引的东西上去。但是我觉得还可以更进一步。我想谈的是集视觉想象和行动于一体的艺术。我相信，如果将两者完美地组合在一起，它们将成为吸引金钱的"秘密武器"。

视觉想象

视觉想象是指在脑海中创造出某种事物具体形象的艺术。如果我现在让你闭上眼睛，想象自己赤脚站在草地上，现在开始对此进行视觉想象。你可能会看到自己的脚淹没在柔软、青翠的小草间。每个人想象出的场景都不一样。或许，有些人想象的是阳光明媚的天空，有些人想象的是阴冷昏暗的天空；或许，有些人看到了男性的脚，有些人看到了女性的脚；或许，你可能看到一双涂着指甲油或戴着趾环的脚。就连你踩草的感觉也可能不同。视觉想象的画面没有对错之分：这种艺术就是把脑海中的景象带到眼前来。如果你做到了，很好！祝贺你——你已经完成第一次视觉想象！

视觉想象是让金钱滚滚而来的关键要素。你需要通过视觉想象描绘出自己的未来财务情况。每进行一次视觉想象，你都在帮潜意识实现一次想法。越在脑海里想这件事，视觉想象的东西就越有真实感，也有助于增强实现的感觉。这一步很重要：让自己相信它会，并且也能够发生。

从某种程度上来说，大脑在我们视觉想象的过程中，就已经为迎接现实生活做好准备了。这会影响大脑的认知过程，比如感知、计划、运动控制和记忆。大脑不仅可以处理一些我们以前经历或感受过的事情，而且还可以处理一些特殊的事情：它可以想象出我们从来没有经历过的事情。说实在话，这确实很不可思议。

视觉想象曾在我身上奏效过，但我还想知道它背后的科学原理，所以我去挖掘了一番，看看有没有人研究过视觉想象。

2015年的一项研究发现，结合多种感官和情感的引导图像技术比只有视觉图像的技术有更多的用处。[1] 这项研究解释说，如果你在想象橘子（不仅想象橘子长什么样，还想象橘子的手感、

---

[1] 资料来源：https：//digital.library.txstate.edu/bitstream/handle/10877/5548/EKEOCHA-THESIS-2015.pdf? sequence=1。

气味和味道),那你的身体就会形成一种生理反应。每当我想要解释图像技术对身体产生多大影响时,我只要说"情色"一词,人们很快就能明白。当我们想到一些可以产生快感的事情时,我们的身体就会有反应。

将我们进行视觉想象时的生理和心理反应联系起来是非常重要的,因为这会营造出更真实的感觉。吸引力法则帮助我们开始相信自己可以成为有钱人,我们常常会觉得自己在想象别人,或者所想象的根本就不现实。视觉想象,尤其是那些鼓励我们调动所有感官的想象,会帮助我们说服大脑和身体,相信想象出来的实际上是一个潜在的现实,因为我们曾经去过那里,经历过,哪怕只是在脑海中而已。

如何练习视觉想象

以下有3种练习视觉想象的方法。

在脑海中想象一个画面

很简单,你只需闭上双眼,然后试着去想象一个情景、环境或物品。我发现,要是能想象出身体对周围事物的感受,或者建立起任何听觉、嗅觉、味觉等感官联系,就会获得不少帮助。你的视觉想象会更具真实感,你也会沉浸其中。

现在就来试试看吧!

你要是能视觉想象出物品的话,你就可以接着去进行更复杂的想象——房子、名胜等。只要你能找到,只要可以帮助你展开更形象生动的视觉想象,那都是可以的。所以,尽情浏览视频网

> **视觉想象练习**
>
> 闭上双眼，想象自己拿着某个物体。然后，你再想象一些形象鲜明、触感明显、气味可辨的东西，比如一杯咖啡。
>
> 首先，想想自己在什么环境下拿着这杯咖啡。是在家里、咖啡馆、还是在公园里？再想想周围的环境如何。你听到了什么声音？是咖啡机的噪声，人们的闲聊声，还是小鸟的啁啾声？
>
> 接下来，看看你手里的咖啡。它是用什么杯子装的？咖啡馆的纸杯？结实的陶瓷杯？拿在手里的感觉怎么样？是温热的吗？再然后，想想飘进你鼻子的咖啡香气。最后，轻轻嘬一口。是什么咖啡？白咖啡还是黑咖啡？
>
> 仅仅通过完成这个小小的视觉想象，你就能发现其实很容易就能融合多重感官体验，在心理层面创造出令人难以置信的生动画面。

站吧，去看看自己心仪美景的视频，让自己了解将听到的声音。比如，如果你想要一套堪称完美的马里布海滩别墅，那你该去看看相似房产的图片和视频。看的时候，你要注意观察细节：房屋结构如何？采光怎么样？浪花拍打岸边的声音有多大？然后，你就可以想象自己步入别墅的场景：四处走走，泡一杯茶，裹上一张毛毯看日落。你想象得越细化，效果越好！

体会那时的情感

试着想象一下，如果你视觉想象出的东西是真实的，你的情绪会有什么变化。举个例子吧，还记得我开第一个博客的时候，获得了一个奖项的提名，当时我非常想获奖。颁奖晚会前夕，我时常闭上眼睛，在脑袋里一遍又一遍地想象自己获奖时的情景。我想象着自己的名字被叫到，然后人们鼓掌欢呼，而我欣喜若狂，肾上腺素飙升；我想象着自己走上舞台，感谢主持人后优雅地对观众微笑。我沉浸在想象中的获胜喜悦和场景之中，丝毫没有考虑过落选了该怎么办。

那天晚上我如愿获奖了，获奖情形几乎和我想象的一模一样。欣喜若狂的感觉，飙升的肾上腺素，当之无愧的自豪感……一切的一切，都和我想象的如出一辙。

我希望你们能通过视觉想象体会那么一场情感。

情感的视觉想象练习

闭上双眼，想象一下：你刚刚收到一封来信，信上说有人欠了你 1 万英镑，并且还随信附上 1 万英镑的支票。

不要问一切为什么发生或怎么发生，你只管去想象就好了！你收到了 1 万英镑的意外之财，你可以把钱存起来，也可以立马随心所欲地花出去。

> 让你的身体和思想一起体会这随之而来的情感。你有惊喜欲狂的感觉吗？还是如释重负？还是单纯的开心而已？你会绕着房间奔跑尖叫吗？
>
> 带着这些想象和情感坐上一会儿。让这份感觉浸润你的身心，就好像你真的收到了支票一样。

制作一个心愿板

另一个练习视觉想象的好办法是，制作一个实物，激发出自己的想象力。

每年年初，我都会坐下来，制作一块描绘我想要什么的心愿板。我曾经完成的一些心愿板里表达了些许物质化的东西，比如汽车、皮包和服饰。当然了，我也写过一些非物质化的东西，比如我想去游览的美景。我经常在心愿板上贴出自己偶像的照片，比如我崇拜的创业者。过去，我还会贴上宝宝笑脸照片，盼望自己的孩子平安、健康地降临，此外，我还会贴我想被专题采访的杂志的照片。我甚至还在心愿板上写过"出版一本书"的心愿——你瞧，我现在实现了吧，你现在读的就是我写的出版物。

心愿板提供了有形的工具，帮助你在生活中构想目标。将心愿板放在自己可以经常看见的地方，比如衣柜门内侧或床边。在你意识到以前，你的大脑就已经开始思考如何实现这些目标。

来看看如何制作属于你自己的心愿板！你只要准备一沓旧杂志，一把剪刀，一支胶棒以及一张 A3 或 A4 纸大小的卡板就够了。你要制作一个板子，上面有你自己生活中想要成为的、做的、拥有的心愿。比如，你可以贴些照片，包括你想去的地方、想买的房子、幸福的家庭以及眼中的成功人士。我不能规定你应该贴些什么，因为每个人都是不同的独立个体，我眼里的成功并不一定就是你眼里的成功。所以，建议你去翻翻杂志，剪下吸引你或是你想要的东西的图片。

把这些图片贴在心愿板上。当你写注释时，最好用现在时时态写，这会给你很大的帮助。比如，如果你贴了一张意大利海岸线的图片，那么你就可以附注"我和家人还有朋友正在游览美景"。

还有以下一些技巧。

- 不要贴太多图片。心愿板最好要保持小巧玲珑，不要同时堆砌多个相似图片。
- 规定好心愿板的许愿时间：心愿板是针对今年 1 年而言的呢？还是今后 5 年、10 年，还是未来好几年呢？
- 做好以后，把心愿板放在自己每天都能看见的地方。让心愿板进入你的潜意识，并且进入地越深越好！我喜欢把我的心愿板放在衣柜门内侧，这样我每天都能看到它。
- 如果你想一周后做心愿板，那你要提前寻找吸引自己眼球的图片。要是在杂志里找不到想要的，那你可以去网上下载打印自己想要的图片。你也可以使用画图软件来制作数字心愿板——但是做好以后，一定要记得打印，贴出来！

我的网站 www.themoneyiscoming.com 上有一个小视频，里面分享了最佳心愿板组合方法的实例，可供参考。

自从在心愿板上写下自己的愿望后，我已经实现了不少愿望了。

- 怀孕。
- 买下了心仪的房子。
- 与品牌合作。
- 出版图书。(嘿嘿，我的读者们！)
- 去特定目的地旅游。
- 体验自己想要的感觉，比如行业认可或财务自由。

说到这儿，我也要聊聊自己心愿板上很多没有实现的愿望。这听起来有点偏离主题，但是我觉得这仍然是值得讨论的话题。

光靠视觉想象是不会成功的

我经常听到怀疑者讨论吸引力法则，他们认为好像只要把豪宅照片贴在纸板上，随后豪宅就会自动出现在自己眼前一样；又或是你想象给自己开一张100万英镑的支票，然后就可以坐等，什么都不用管了。我认为出现这种讨论情有可原，毕竟和吸引力法则或显化相关的东西，通常都缺乏深度，或缺乏心理学的基础理论支持，所以很难解释它们为什么起作用以及如何起作用。我在这里尝试提供解释。

视觉想象是一个不可思议的工具。它可以把一个看似遥远的梦想变成现实，哪怕这个对现实的想象只在你的脑海里停留了那么一会儿。只要进行了视觉想象，你就会更能感觉到，自己也是值得变富有的，但是你单靠想象并不能真的变富有。你必须要有所行动——在宇宙的一点小帮助下。

如果你只把视觉想象看作一种手段，可以给自己的生活带来更多的钱，那你只做了一半的工作，就像是有车却没汽油，或有煎饼却没糖浆。视觉想象必须和一种特别强大的力量结合起来。正是这种结合使得一切与众不同。

这股强大的力量就是"行动起来"。

坐在家里进行视觉想象，效果是最好的。说实话，我建议你最好每天都进行视觉想象训练，睡觉前、起床前，或者任何你有空闲的 5 分钟。你会惊讶地发现，自己变得特别渴望实现这些心愿了。事实上，根据我前面提过的那项视觉想象的研究，训练中使用视觉想象可以帮助运动员集中注意力，增强力量，甚至提升比赛成绩。但是他们不能只靠想象自己会赢来获胜，还要切实行动起来。

来吧！行动起来。

我为你们感到兴奋，因为当读到这段话的时候，我们就要开始把我目前为止所讲的东西都付诸实践了。你马上就可以看到并体验到，如何真正地去显化实现目标了。一切都从现在开始。

第一步法则

有一次我和珍打视频电话，我说我想"有一天"能带家人去洛杉矶旅行。珍笑了——我现在知道了，她那是会心的微笑——她眼里闪着光芒和我说："你要准备好去学点什么。""你说了'有一天'，"珍继续说，"那你其实是认为这件事不会发生。'有一天'意味着拖延。不如，你现在就开始行动吧！"

我发现她说的对。我一直在拖延，我内心的确觉得自己不可能去洛杉矶旅行。也许是因为这次旅行要花太多的钱，也许是因为这个旅行的目标现阶段对我来说太大了。

"从伦敦飞洛杉矶的机票要多少钱？"珍问。

"我不知道。"我回答道。

"你连看都没去看一眼吗？"

"没有。"

"那你今晚做做旅行攻略？"珍问。

珍接着解释道："如果你说自己想要什么，想实现什么，但是用到了'有一天'之类的词汇，那么其实你是在阻止自己完成目标，实现梦想。你这样做的潜在原因是：你可能害怕面对自己的困难，或者经济上有点捉襟见肘，也可能是你知道必须花大量的时间、精力专注于目标的完成。"

就好比，我说了好几年想写一本书，但是我花了一年多时间才真正强迫自己坐下来，写好方案。为什么呢？因为我知道，写书对我的精神、情感、智力都是个巨大的挑战。还有最关键的是我拖了很长一段时间，才决定开始走出第一步——为我的新书提案动笔。

去洛杉矶一事也是如此，现在我准备迈出第一步。我听从了珍的建议，开始研究航班信息，住宿方案以及游览路线。我保存了相关信息并设置了航班提醒。这样一来，洛杉矶之旅就显得真实了。几个月后，我们第一次预订了去洛杉矶的机票和酒店。有各种各样的因素促成了这次的洛杉矶之旅，稍后我会一一解释。

但是我可以向你保证，如果我并没有迈出第一步——查询航班，那么我现在可能还坐这儿，口中念叨着："有一天，我要去洛杉矶。"

说实话，我已经连续 3 年在心愿板上贴出东京的图片了。但是，我到现在都还没有开始迈出第一步。我会坐下思考，为什么我还没有迈出第一步，其实我自己心里知道为什么，因为现在看来这个目标定的还是太大了，有些吓人。同时我也知道，如果 5 年后再回头看，发现自己还没有去过东京，那时的我也会觉得自己是个失败者。有些人总是胸怀梦想，却从来不采取行动。我不希望自己成为这样的人，也不希望你们成为这样的人。

第一步法则就是放弃"有一天"的想法，今天就采取行动去实现目标。你只要简单地朝着你的目标，在现实中迈出一步就好了，不用管是哪一步。

决定要写书并出版的时候，我做的第一件事就是在社交媒体上发布了一篇文字，我写道："我要写本书，想找图书代理商。有人推荐吗？"

几个小时之内，我就收到好几份推荐名单。我联系了他们，事情很快开始运转起来。

许许多多的第一步法则都和做研究有关。除非你进行了可靠的研究，不然你的目标就会像空中楼阁一样虚无缥缈。号码、数字、联系人以及邮件，这些具体细节会把梦想带进现实。它们不仅能提供实际有用的信息，让你可以采取下一步行动，还能让你真正明白，自己是在为什么而努力。

一旦你做过研究，知道了自己的目标，你就会获得更清晰的心愿路线图。你的大脑需要朝着什么具体目标去努力——下一个步骤，或确定要实现的数字。你瞧瞧，大脑已经在后台默默开展工作了。进行研究这一行为，是一种兑现承诺的表现，不仅是对自己和潜意识的承诺，也是对你身边人的承诺。你的美好愿望从白日梦升级为可以——而且很有可能实现的目标。

同时，开展研究也显示出了行动的决心。

很多人都只是在开空头支票而已，"有一天，我要做这个，我要做那个"，诸如此类，但是，我们都知道习惯开空头支票的人，没有——从来没有——向着他们的目标迈出任何一步。

一旦开始了研究，就好像有小铃铛摇起来了一样：丁零、丁零！嘿，宇宙！莎拉终于行动起来了，她开始研究怎么去洛杉矶了！

她准备好了！

宇宙似乎一直在等着我们行动起来。我认为宇宙就像是最睿智的父母一样。如果我想教女儿画画，我可能会拿起笔，放到她手里，然后再握着她的手，手把手教她画画。如果我这样做了，她可能很快就会失去兴趣。毕竟，我们不能把想法强加给任何人。我们能牵马到河边，但我们不能强迫马喝水。但宇宙是聪明绝顶的，它知道如何给我们自主权让我们去做事。它不会为我们做好，但是它会引导我们，为我们打开大门，帮助我们去实现。它会过来，在我们身边留下一支笔，然后等着看我们是否会去瞧瞧那支笔，最后拿起那支笔。如果它看到我们感兴趣并拿起了笔，它可能又会在某处留下一个素描本等我们找到，或者在电视上播放一个教画画的节目。在我们发现之前，我们就已经学会了如何使用笔，找到了素描本。

我从来没有对第一步法则失望过。

如果我早点开始为东京之旅研究航班，那么这本书出版的几年内，我早已成行了。事实上，为了犒劳自己成功出版图书，我现在就着手研究并开启我的东京之旅。

采取灵感行动

本章的核心是采取行动，但并不是采取任意的行动，而要采取灵感行动。

灵感行动伴随第一步法则而来。

一旦迈出了第一步——做好了研究，那你就向宇宙，也向你自己明确了计划。你承诺要把曾经的计划变为现实。你可能觉得下个阶段会很简单，认为自己做好研究后，就可以依照研究结果开始行动了，我说的对吗？

假设你想加薪，从每年3.5万英镑涨到5万英镑，那么第一步就要在公司里找到年薪为5万的职位。你可以和拿5万年薪的同事聊聊，或者看看招聘广告，研究一下拿5万年薪的职位有什么职业技能和能力方面的要求。然后你就会知道自己有哪些方面还需要改进。

灵感行动不是为了急匆匆地让事情发生。它不是一种暴力行动，不是为了去控制局势或操纵结果。灵感行动是为了在机会显现的时候，抓住机会。

再以我梦寐以求的东京之旅为例。有些人查看了航班信息之后可能会说："不管了！现在就预订吧！"这话听起来可能很潇洒，但是如果你刷爆信用卡或打电话向家人借钱，从而"强迫性地解决问题"，那事情的走向可能就不是你期望的那样了。

为什么？

在逼迫、控制以及操纵下得出来的结果，从来都不是好结果。这种行为带有侵略性，它以自我为基础且缺乏耐心。

你如果试图迫使结果自己产生出来，那么这意味着你制造了一个期望。这样的期望也许非常微妙，因为你"不允许"任何结果自然而然地出现在你面前，你总想控制结果。这也不符合我们想要营造出来的、积极的"高调氛围"。我们不想迫使事情的发生，我们只想把它吸引到身边。

你喜欢难处理的、带强迫性的，还有攻击性的事物吗？还是你喜欢更温和、趣味盎然的机会？

这个问题很难回答，因为大多数人从小就接受这样的教育：要得到想要的东西，就得努力工作，就得眼疾手快。如果某样东西恰好掉在你怀里，但并不是你"应得的"，那么社会就会评判你、惩罚你。

从急匆匆地去推动事态发展到让事情自然演变，这个心路历程还是有些艰辛。我现在对这种做法仍然抵触，即便已经看它奏效了很多次，我还是觉得，除非我拼命工作，不然无论获得钱还是机会，我都不会受到尊重。我们担心自己不被尊重，担心自己被评判。我们担心别人会不高兴；担心他们背后议论我们的所得只是"幸运"而已。说实话，这些真的可能会发生。但就算真的发生了，那也是因为大家内心深处都只想过简单有趣的生活，所以可能其他人看到你赚钱简单又有趣，不由得心生嫉妒。

灵感行动就是等到出现机会了，就抓住机会。它是关于勇气的行为，或许会让你做些令你害怕的事情，或许会把你推出舒适区——但是，它是采用一种振奋人心的，类似"这是对我有好处"

的方式,而不是用一种"我在干什么,快让我离开这鬼地方"的方式。

灵感行动发生的时刻,看起来很像是种巧合。它给你的感觉就像是宇宙给你预兆,引你走向某种好像是"命中注定"的东西。时间久了,你就会知道哪些时刻是可以采用灵感行动的,这个过程可能要几天、几周、几个月,有时候或许要几年。

假设我今晚就去研究飞往日本的航班信息,一个月后,一个朋友的朋友提到他爸爸用民宿平台提供的服务在东京度过了一个很棒的假期。我不认为这是巧合。你懂我的意思了吗?

又或者说,你想要加薪,但你不知道要怎么才能实现。突然有一天洗澡的时候你想到个主意。你打算整理出一份文件,展示自己在过去的6个月里如何帮助公司完成销售目标,以及自己在团队里发挥了什么巨大作用。天啊,赶快去展示整理好的文件吧!

一旦敞开心扉,迎接新的想法和可能性,你就会发现一个运用灵感行动的小小机会出现在你脑海中。

即使这个机会不是完全按计划进行的,宇宙,或者我们的潜意识,也还想让我们保持在积极的轨道上。我相信这个机会是想帮助我们做出有趣而又愉悦的决定。即便我们遵循了第一步法则,也抓住了用灵感行动点燃机会的时候,结果有时还是会不尽如人意。当这种情况发生时(它的确会发生,不要太惊讶了),你要注意自己可以从中学到些什么。

宇宙和潜意识可能会在这个过程中向你显示一些事情。有时候,它们会向你一遍又一遍地显示同一件事情。宇宙喜欢给你教训,引导你,也就是说,你有些计划并没有奏效。对此,你可以花上几天、几周或几个月的时间去哭嚷，去抱怨世界的不公；你也可以看看宇宙可能想给你什么预兆，以及你可以从中吸取什么教训，反思，然后继续前进。

所以，听从你内心的指引吧。你如果发现一些小预兆或奇怪的巧合开始出现了，就花点心思，留意它们，参考它们采取行动。它们是共时性也好、宇宙给你的预兆也好，或者是纯粹的巧合也好，只要它们可以帮你实现目标，不用在乎它们究竟是什么。记住不要去过度分析，全身心参与就好了。

灵感行动不是人为地迫使事情发生，而是让事情顺其自然地发生。

这是一种让人感到精力充沛的行为，而不会使人精疲力竭。

这是和有益于你的事情说"好"。

这是去寻找些小预兆、小线索，然后对它们说"好"。

灵感行动就是抓住显现的机会和巧合，然后说："哈哈，我看见你了！我也想加入。我准备好了！"

练习

选一个你想成为、想做或想拥有的目标去实践第一步法则。写下一些数字、查询价格，发出第一份邮件，寻求他人帮助，做调查研究。迈出第一步，让想法成为现实，然后坐下静候时机，采取灵感行动。

第 7 章

不执的艺术

说实在的，金钱是我们生活中最麻烦、最惹人焦虑的东西。无论走到哪里，钱似乎都可以引起或解决日常生活中遇到的问题。我并不是一贫如洗，但不管我到底有多少钱，我也会不时经历缺钱引起的那种深深的忧虑、压抑、内心的混乱、沮丧和怨恨。

如果你也经历过，我非常理解你。我知道那是什么感受，你此时此刻能拿起这本书就很了不起了。你迈出了极为重要的第一步：改变自己的金钱观。我从当初深陷高额账单的泥潭，背负数千英镑的债务，依靠微薄工资勉强度日，到如今经营着一家营业额达到 6 位数的公司，生活多姿多彩。如果问我在这个过程中学会了什么，我的回答就是——金钱是个大型游戏。

大多数情况下，金钱都是个心理游戏，一旦掌握了游戏规则，一切就简单了。我没办法保证让你一夜暴富，但我相信，只要你认可我说的，真正地进行必要的自我反省，你将更开心、更轻松，也更容易地理解金钱。

我还记得和珍一起努力时，每一次和她谈话后，我都有一种解脱了的感觉。金钱就像千斤重担，牢牢地压在了我的肩头。每一次谈话后，我对金钱都感到更轻松，更自在些。我不再那么容易紧张了，我可以坐下来，观察金钱是如何运作的，看世界和芸芸众生如何不顾一切地想操纵它。我觉得自己更像是一个观察者，能看到金钱的本来面目，也可以觉察金钱如何控制我自己的人生。随后，我开始为自己的生活进行一些必要的改变。我的这些变化都要归功于一个全新的视角：一种超然的、不偏不倚的视角。

阅读了上一章，你应该已经知道了第一步法则。要向自己的目标迈出第一步，然后等待时机采取灵感行动，实现目标。这个等待的过程的确会让人抓狂。人们会对这个过程感到困惑，甚至会觉得这是在偷懒，特别是当你是个积极进取的人，更会如此。对我来说，我平时不太可能会坐等事情发生。我习惯了"现在、立刻、马上"，没法接受姗姗来迟的满足感。但是，只要迈出了第一步，你接下来要做的最重要的事情就是不要去干涉结果。

试着不去关心金钱会不会出现，似乎与我们最初的目标南辕北辙。要是有了目标，我们自然就会想着去努力实现它，对吧？我们已经默认想要什么就应该盯着什么，然后不停地努力、奋斗、拼搏，直到拥有它。我并不是说采取行动不好。如果涌现了一系列可以采取灵感行动的机会，那你无论如何也要去争取。努力去成就一番伟业吧。

关键问题是你一定要试着放松，不要去干涉你想要显化的结果。这种超然的态度反映出希望某事发生和需要某事发生之间的细微差别，是一种什么都不需要但吸引一切的艺术。我曾经与这种细微的差别斗争过——现在仍然经常与之斗争。

通过不执吸引金钱

"超然不是要你一无所有，而是要你不受羁绊。"

——阿里·伊本·艾比·塔利卜（Ali Ibn Abi Talib）

不执，有时也叫作超然，是一种不执着于某事结果的艺术。许多宗教和精神信仰中都有这种说法，它可以给人以平静：带你逃离由追逐欲望而来的且不受控制的不安。它帮我们营造出平静、轻松的状态，也就是我们实现目标的最好状态。

我第一次听到不执的说法，是在一家佛学中心。我看过一些夜校广告，上面写着"佛学入门"。我一直都对不同的宗教和精神信仰很感兴趣，想了解它们是如何看待世界的，所以我决定去这个佛学中心看看。"无执着心"是很重要的佛学思想，所以第一节课自然就提到了它。

教员说："'无执着心'就是指一个人能够克服自己对事、对人、对功、对利的依恋。"

起初我认为这个概念很奇怪。我能理解"不要依恋于物品"，因为说到底，物品不过就是物质而已（尽管我很确定自己依恋楼下橱柜里那50多双耐克运动鞋）。难道我们不是从小就被教导，要理解并承认生活中他人的价值吗？我们难道不要去关心，爱护他人？我们当然要依恋他人！

想到自己要失去一个深爱的人，我就想哭。作为一个妻子或母亲，我要怎样才能做到不执呢？不执似乎是冷冰冰的，没有爱意的，这与我想要成为的人的特质恰恰相反，也与我从表面上看到的佛学格格不入。

就此，我询问了教员。

"不执不是脱离爱和感情。我们不是说要你不履行义务，不承担责任。不执是指不要试图控制结果。它要你不去依恋先入为主的观念、必然性的事件以及自我形象；它要你接受人生就是有起起伏伏、潮涨潮落，要你能够看透这一点，然后平静地接受，而不是试图去操纵；它要你接受这样的现实：努力了不一定就会有收获……不执是没有期待的爱，不求回报的付出，以及富有同情心。"

我觉得不执很有意思，后来有一段时间，我尝试去练习不执。这并不容易，毕竟我已经习惯性地认为，只要自己抓得够紧，我就可以掌控一切。但是，生活并不总是和自己计划的一样。

试图控制和操纵局面会产生一种虚假的安全感。它产生了一些期望，这些期望有时的确会起作用——但它要是不起作用了呢？那我们通常就会技穷！

自从我练习不执后，我就可以更平静地面对生活的起伏了。我觉得自己更像一个旁观者，事情不再对我产生太大影响——要是它们没有按照我预想的发展，我也不会那么气急败坏了，相反我只会耸耸肩，然后接着前进。

这不是很好吗？如果事情没有成功，你还能够耸耸肩，继续前行。毕竟，我们知道生活在愤怒、怨恨和痛苦中并不是什么理想状态，我可不想整天阴沉丧气的。

举个例子，假设有人想赚 6 000 英镑，然后带家人去度假，这个目标一共有两种实现方式。

示例甲讲述的是，没有发现本书法则的人可能会发生的事情；示例乙讲述的是，学习并运用了本书法则的人可能会发生的事情。

示例甲

甲决定了，她要给家人一个梦想之旅。尽管她觉得这个梦想有些遥不可及，但是她还是把它当成"有一天"可以实现的、有趣的目标写了下来。甲浏览了一些度假旅行网站上的套餐，粗略地估计出她可能需要 6 000 英镑。甲决定要全力以赴，实现旅游梦想：她发誓一定要去旅游！她四处奔波，想各种办法凑齐 6 000 英镑，最后她决定用信用卡支付，因为这趟旅行很值得一去，而且她还可以在接下来的几个月里，慢慢还清账单。她试着用信用卡支付，结果很遗憾地发现自己的额度不够。她有点生气了。她一心只想着度假，还坚信信用卡额度足够，但她忘了几个月前她迫不得已使用信用卡支付了汽车修理费。现在，她非常执着于这个结果——度假。甲已经和家人讨论过了，她是绝不会放弃的。于是她又申请了一张信用卡，获得批准后，她用这张卡支付了旅行费用。最后，甲带着家人去度假了，度过了一段美好的时光。

示例乙

乙决定了，她要给家人一个梦想之旅。以前，她认为这是遥不可及的，但她现在决定要保持思想开放，因为她知道只有她关注了什么，什么才能够发生。她把旅行当作目标写了下来，然后在接下来的几个晚上，都去视觉想象这个梦想之旅。她想象着旅行的景象、声音、韵律、味道和气息。她遵循第一步法则，上网研究机票价格、旅行攻略、最佳景区、机场打车费等。

她估算出，这样的旅行可能需要 5 000 ~ 7 000 英镑，具体取决于她自己的预算有多少。她看了看自己的财务情况，意识到自己现在没办法筹集到那么多钱。她草草记下一些想法，比如用信用卡支付，贷款，看看工作上有没有奖金，能不能再做份兼职工作。写完清单后，她决定保持心态开放，等待机会闪现，然后实施灵感行动。她很期待这个假期能够实现，但是她决定对此不过于紧张。

几天后，乙在洗澡的时候忽然想起来，自己车库里还有一些旧唱片，她早就想放到购物平台易贝（eBay）上去卖了。她想这是个为旅行存钱的好开端。下个周末，她就找出了唱片，然后上网研究这些唱片值多少钱。通过卖唱片，她轻而易举地为旅行攒了500英镑。事实上，这就是这么容易，所以乙萌生了一个想法，给邻居和朋友提供代卖旧货的服务。她帮忙列出他们长久以来一直打算出售的物品，并达成协议，从收入中分成。有几个朋友接受了她的建议，每周末花一天的时间请她列清单。

几个月内，乙又攒下了1 000英镑。有天晚上，她在网上看到了另一个地方的旅游广告。虽然这不是她梦想中的旅行目的地，但它看起来确实很不错——事实上，它可能比她自己原先计划的地方更好。更重要的是，这个地方预定可以有优惠：如果她现在支付1 500英镑，然后截至旅游前，她每个月只需再支付500英镑。乙用易贝上赚的钱付了定金，然后继续帮朋友提供列清单服务，并用赚来的钱支付剩下的账单。最后，乙带家人去度假了，也度过了一段美妙的时光。

这两个例子本质上没有对错之分。第一个例子展示了甲执着于结果，不顾一切地想要追求结果出现。这可能导致甲走向一个不太满意的结局（背负更多的信用卡债务），并且她也没有收获任何有助她成长的经验或教训。

相比之下，乙在整个筹备过程都没那么焦虑、紧张，还学会了一项新技能，打开了她赚钱的新思路，这种赚钱方式既有趣又有创意，和她原来认为的完全不一样。她对自己如何实现目标，保持了开放的心态，所以她可以凭借对结果怎样出现以及何时出现的不执，就取得比预期更好的结果。

其实，与其说结果不同，不如说过程不同。

在乙的例子中我们看到，乙实施了灵感行动——那些闪现的灵感，洗澡时的突发奇想都不应该被忽视！这就是预兆！同时，我们也看到，乙不执着于过程和结果。她知道自己想休假，但是她对此保持开放的心态，并没有试图去强行解决问题。在开放的心态的带领下，她找到了创造性地运用大脑的全新方法，就算后来金钱出乎意料地显现了，她仍然保持原有心态。

甲的心态就相对比较封闭了。她痴迷、执着于结果——她早就想好了那个她自认为实现假期的唯一方式。难道甲的车库里就没塞满可以去易贝上卖的旧东西？关键是，她执着于过程和结果，所以她没办法发现机会，然后用灵感行动抓住机会。她受困于自己认为的方式，对可能实现目标的其他方式视而不见，因此她没有成长。

你可能认为甲处理问题的方式没有任何问题，毕竟甲乙两人最后都实现目标了。并且，我们读本书的最终目的，就是为了实现自己的金钱目标。但你有没有发现乙的经历更愉快，更积极？

甲的案例氛围怎么样？我感受到了疯狂、忙碌、压力、焦虑和极强的控制欲。假期最后可能会很美妙，但是度假回来后，6个月时间内她都要为这次旅游买单，对此她可能会闷闷不乐。不知道你怎么想，反正我没感受到温暖惬意。

第7章　不执的艺术　／　133

相反，读到乙的案例，我就很兴奋，感觉更轻松，感到充满更多机会。我很高兴她用了一种很出人意料的方式，实现了自己的目标；我也很开心看到她偶然间就发现了一项增加收入的新副业。总的来说，乙的经历更充实、更轻松、更平静。

如果你对结果不执着，结果就不会掌控你。你脑海中也不会设定什么期待值，最终让你失望。你的心态会更加开放，你也会发觉并抓住闪现出来的灵感，从而点燃自己的行动。你的整体体验会更愉快，当然你也会收获更多。

避免绝望

执着于结果和过程可能会导致绝望。绝望是最悲伤的情绪之一，它唤起的是怜悯和沮丧，而不是欢乐和积极。

我知道缺钱会使人陷入巨大的绝望之中。我决定某些生活或事业上的事情时，就纯粹出于恐惧。但是，问题来了：恐慌会让事情向好的方面发展吗？

如果满心绝望，那你很难有什么好结果，因为你是在恐惧中工作的。恐惧对显化没有半点好处！恐惧心理极易导致一叶障目，不见泰山。你会一味地只想摆脱自己所处的绝境，不顾一切地抓住身边任何机会，去走下一步棋。那些看起来像救命稻草一样的东西，最后可能会演变成夺命恶魔。你习惯了因为绝望而行动，而你想要摆脱绝望的心理往往产生恶性循环。

绝望特别负能量，不是吗？无论是在你自己身上还是在你遇见的人身上，你都可以感受到它的气息。哪怕我只是想想而已，这种情绪都让我不舒服。有些人发现自己处于凄惨的处境中，生活极其残酷。很可悲，对很多人来说，这种能量可能是一种禁锢——但有些人会以此为借口来剥削身处绝望中的人。发现有人需要帮助，并不总能激励人们拿出自己的钱。我们应该帮助有困难的人，不是吗？理论上应该如此，但是我很少看到有人能付诸行动。

这就和约会一样：如果你发送了短信，对方没有回复，那你就不会一直发短信，邀请对方赴约，因为这显得很绝望，没有魅力。

最好的情况是，绝望会给你带来别人怜悯施舍给你的钱；最坏的情况是，绝望会给你带来剥削和压榨。这两种情况都不是高调氛围，也都不是帮你吸引金钱的积极力量。为了能吸引金钱，你必须知道如何走出绝望。所以，我们要怎么做呢？

找到界限

我发现，实现不执最好的方法就是，找到思考目标和控制目标实现之间的界限（gap）。如果你愿意的话，这就是一场解脱。这让我想起了唐·德雷柏（Don Draper）在电视剧《广告狂人》(*Mad Men*)中的一句话："只要想想，仔细想想就好了，然后忘掉它。主意它自己会出现的。"

你把自己的结果和期望强加给新的"种子"之前，界限出现了，培育不执的沃土也形成了。你设定好，然后就不要再去细想什么了。

我并不是说不去关心事情的进展，而是要你自己不沉溺在焦虑中，不被它困扰，受它影响，至少不受它的消极影响。你可能每天都在想着它，但不必孤注一掷地想要它发生。我总是说："我想要这件事发生，但是如果因为种种原因它没有发生，我也能接受。"

你可能会发现我刚刚说的，和我们之前围绕语言展开的研究不一样，那时我们一定要消灭思想里的消极语言。别担心，对宇宙说，自己会保持开放心态去看待宇宙实现自己的心愿，这并不是什么消极语言。这是一种信任。你要相信，该发生的总是会发生的；你想要什么发生却并没有发生，那也一定是有理由的。去找出这些理由，也是你人生经历的一部分。

我最近读到伊玛目安萨里（AI-Ghazali）的一段话："注定是你的东西，即便是被压在两座山之下，最终也是你的；注定不是你的东西，即便你已经含在唇间，你也得不到。"

不知你是否相信命运，但我认为相信总是会有好处的；如果某事理应发生，那它就一定会发生。有了这种深深的信念，那些喜欢在方方面面控制生活的人，就可以松一口气了。你可能需要一点时间去适应，但是，我的朋友，你如果适应好了，不就是种积极的体验了吗？你会震惊于这种感觉带来的自由。你可能会觉得自己生活在梦中仙境，但有时候，你就是需要将自己从日常焦虑中解放出来，变得更加柔韧。这种开放和轻松的心态会自动帮你焕发活力，产生更多能量和更积极的前景。这一定会吸引更多伟大的东西进入你的生活。

这个预言会自动实现。我们的信念能影响结果。相信命中注定，结果会出乎你的预料：一切都会顺利完成。你已经改变了自己的看法，过滤了那些目标没有达到预期时可能出现的负面影响。

设定目标时考虑界限

我们真正尝试并强迫结果出现的一种情况就是设定个人目标。现在，我希望你试着用一种完全不同的方式去设定目标：不执着于结果或者"不跨界"。你只要设定目标就好了，不要去控制过程，也不要去期待结果。

我发现，控制期待是一件非常困难的事情。事情总是很难达到预期，所以我们才会失望。但是如果不对目标设定期望值，我们就不用经历可能伴随着期望值而来的消极情绪，比如压力、焦虑、失望——我们试图控制结果时经常会出现的情绪。你可以体验如果不去设定那么多期望，自己会感到怎样的惊喜和满足！

我知道，我说的可能和你原先听过的关于设定目标的事情背道而驰。毕竟，领袖类的人经常说，我们设定目标一定要明确期望值，比如设定 SMART（Specific，Measurable，Achievable，Realistic，Timely，中文为具体、可衡量、可实现、现实、有时限）目标。[1]

目标应该要具体、可衡量。如果不是这样，我们很难知道自己在追求什么，以及什么时候才算实现目标。"我想过得好"是一个含糊的说法，它可以有好几种解释。怎样才算是好呢？是自己感觉不错吗？要是你今天觉得不错，明天又不觉得了呢？还是要等有人来告诉你结论？具体、可衡量的目标很重要，尤其是你要宇宙和大脑帮助自己的时候。但是我对 SMART 目标设定法的

---

[1] 圣路易斯大学教授罗伯特·S. 鲁宾（Robert S. Rubin）对 SMART 目标进行的扩展。——编者注

认同也到此为止。

现在让我来打破它。

我们先来看看可实现。谁定的目标，这就是谁的想法，一个人相信什么是可以实现的，取决于其自身设定。我们可以实现的事情，其实比自己想象的要多得多。如果只花时间设定那些我们认为可实现的目标，那么我们是在自欺欺人。你认为有人会坐在埃隆·马斯克（Elon Musk）身旁告诉他，他的想法不可能实现吗？

我们再来看看现实。我们知道，疯狂的事情有可能会发生，但是完全不能解释，堪称奇迹。你认为它们现实吗？我认为"现实"这个词本身就是"局限"的同义词。谁能说什么是现实呢？谁定下的标准？如果某件事对我们来说是现实，是不是意味着它必须基于我们个人以前做过的事情呢？更糟糕的是，需要别人来判断什么对我们来说才是现实吗？现实就是个陷阱，它把我们困在自己认为符合逻辑的"容器"内。

最后，让我们来看看有时限。这又是企图控制结果。我不喜欢给事情设定时间限制。限定时间是另一种设定期望值的做法，也是另一种对事情如何进行的执着。如果限定了时间，但你晚了，那怎么办？你取得的成就是不是就缺了点什么？有些东西显化的速度比你想象的要快，但有的时候又可能要花上好几年。谁在乎呢？只要我们执着于结果，我们就会耿耿于怀——通常，这也免不了绝望。

看看，我们又绕回来了——又绕回绝望了。这就是瘟疫，几乎我们每个人都时不时地感染。

在练习不执的同时，我发现了另外一个摆脱绝望的小妙招，在这里分享给你。

不要遵循逻辑

有一天,我坐在那儿,盯着自己的笔记本电脑,浏览网上银行的页面,在想为什么我的钱不够用。不是一分没有,但也没多少。当时我对这个世界感到绝望和愤怒……我夜以继日地工作,却仍然没什么值得炫耀的东西。我注意到我陷入了受害者角色之中,我必须要振作起来,立刻振作起来。

我要怎么从受害者心态转变成冠军心态呢?

那一刻,我脑海里跳出了一个细微的声音(我现在知道了,那就是可以用灵感点燃行动的时刻)。那个声音问我:"现在最明显的矛盾是什么?做什么才能带来有很多钱的善报?"

我坐下来,想了想。

"捐些钱出去。"

我倒吸了一口凉气。

捐钱出去?!

和当时一切感觉正常的事情相比,捐钱显得格格不入。"捐钱出去?!你都没钱付剩下的 4 份账单了,你还捐钱?你疯了吗?"我脑海中也出现了这样的声音。

那时候捐钱似乎完全不符合逻辑。

但是与此同时,我也有些好奇。我要怎样才能压制破产的感觉?怎样才能消除这种匮乏感呢?做些通常情况下都不会做的事——慷慨大方些。

为什么要火上浇油——我自己都没钱了,还要去捐钱——

呢？合理吗？

但是我越想越觉得有道理。在自己还需帮助的时候慷慨解囊，我不仅可以不再感觉自己是受害者，而且还可以激起积极的涟漪。如果你相信善有善报——我相信，那黑暗的时候，分享一些光明给别人就很合理了。这样做，我不仅可以调整自己的情绪，而且还帮助了别人。这就是治疗我消极情绪的良药。

如果我处于经济低谷，但是我还能捐钱，并且保持安然无恙，那就是我自己放大了对"可能出现的最糟糕情况"的恐惧。通过慷慨给予，我能保持富足而不是匮乏的心态。

所以，我选择帮助他人。

我登录了社交媒体平台，不停地浏览新闻，最后发现某个英国慈善网站上，有人在筹集资金，我决定帮助他。

我捐了 20 英镑。

虽然 20 英镑可能不是可以改变生活的大数字，但是对那时候的我来说，已经是一笔巨款了。不知道为什么，捐款完毕我立刻就感觉好些了。捐款的数额不是重点，重点的是行动本身。慷慨不一定涉及金钱，你也可以与他人分享自己的时间，或者分享一项技能。

现在我已经把它看成一条法则了。每当我情绪低落或身陷黑暗、受恐惧驱使时，我就去寻找不符合逻辑的行为（在上面的例子中，符合逻辑的做法是存钱，停止一切花销）。这条法则并没有给我造成不好的影响；相反，它几乎立刻就让我达到了不执的境界，有了一种轻松感觉。一开始，我反逻辑行为的动作很小，也不会经常做，但是后来我发现，动作越大，我越能尽快摆脱消极。

你可以在任何情绪上运用"反其道而行之"的法则。每当我发现自己嫉妒竞争对手时，就会用这个法则。我不会和他们断绝关系或诋毁他们；相反，我会利用各种机会宣传他们的业绩，赞扬他们。这没什么道理，却很管用，它会让你在感受正能量的同时，心怀谦卑。

学会释怀

你是不是觉得这很奇怪？社会常常教导我们要去控制一切。我写这本书时充分认识到，我在这方面还有很多工作要做。我是个控制狂，我仍然执着于什么才是"现实"，或设定好一个目标并强迫结果出现。

然而我意识到，这是执着正常的结果。记住，我们才是那个怪胎。这个世界上大多数人除了显而易见的或已证实的，仍然什么都不相信。

记住：没办法证明的东西和理念，并不一定就没用。

练习

找出界限。写一张清单，列出至少25件你真正想要的东西。你要写清楚这些东西具体是什么，但不是写要怎么实现它们。然后，把清单剪成列有单个目标的小纸条，并将纸条放进罐子里。接下来，你每天从罐子里选一张，大声读出来，并在每句话后加上这个句子："无论这会如何发生，什么时候发生，我都接受。"

第 8 章
富有是一种心态

刚刚开始培养积极的金钱观时，我会向别人倒苦水，倾诉自己陷入某些财务状况的恐惧和忧虑。我说的都是些琐碎小事：逾期账单；我想送家人生日礼物，却买不起理想中的礼物；吃不起菜单上我真正想尝的菜；为少摊点儿钱，精打细算，只点了一份蔬菜沙拉，喝了两杯自来水，然后有人提议平摊账单；又或者只是看到了我想要却买不起的东西。

感觉自己不够富有，会在很多方面给我们带来麻烦。有一种办法可以减轻这些负担，改变我们的日常心态，营造出更平和的心境。

我很早就认识到，我需要专注于想象自己成为富人的样子，并且从现在就要开始。但是，我并不是说要立刻走出去，然后花一大笔钱买辆车。我那时几乎不会投半分钱在任何东西上，更不要说上千英镑了。我说的是要想象富人的心态，看他们是怎么做决策的。他们内心感觉如何？他们会一直买杂货店里的促销产品，还是会多花30便士买自己真正想买的草莓？我开始认识到每天我做哪些事情让我觉得自己富有，也认识到哪些事情让我觉得自己贫穷，或者让我觉得自己安于匮乏。

本章中，我将带你做一个训练——模仿。我们谈论显化和吸引力法则时，模仿是个经常出现的词语。模仿就是要改变你的心态，从精神上成为你未来想成为的人。模仿并不一定体现在身体上，重要的是体现在思维方式和行为上。富有的你会怎么处理逾期账单？富有的你会怎么看待自己在某个项目上得到的酬劳？富有的你会怎么对待你最想拥有的房子？

想象未来富有的你会如何应对各种情况，然后处理现有问题时，尽可能去模仿。这在很大程度上是在改变观念：改变你对自己的看法，你没有失意，也没有破产，你有自由选择权，你有金钱赋予你的权利。你已经学会了如何控制自己的观点，到目前为止，这本书中的所有内容都在引导你学会这一点。模仿并不是要你否认自己的现状，而是要帮助你意识到，这只是现在的情况，如果你愿意，你可以——也将会——超越现状。

人们经常误解模仿，将它和"成功之前一直假装"混淆，但是两者之间有天壤之别。后者纯粹就是假的，不真诚地对待自己和他人，永远也不会有什么好结果。对自己也好，对他人也好，这就像一个谎言，一个骗局。如果你一直奉行"成功之前一直假装"，那你要怎么让自己拥有富人心态呢？你肯定会认为自己是个骗子，不配拥有财富或机会：你必须假装去拥有这些。我们不应该欺骗任何人，尤其是我们自己。模仿只是帮助我们在富人心态下做决定。

如何在匮乏情景下模仿

假设你刚刚收到一封催付账单的来信。这几个词语可能会描述你此时的感受：焦虑不安、穷追不舍、惭愧万分、纠缠不休、一无所有……这些是出现在我脑海中的词语。假设你现在没有钱，所以不能及时付款。为什么欠钱的感觉这么糟糕？你现在应该能知道了，因为你的固化思想就是这样的。

当然，欠了别人钱，你就要及时还清。但是，我们先清醒一点儿。大公司都习惯于延期付款，只是对你来说，你可能觉得自己是唯一延期付款的"公司"，是制造了所有问题的人，是个失败者。这是种向下的螺旋式思维，我曾经体会过。你知道我们陷入向下的螺旋式思维后会发生什么吗？我们会出现以下一个或多个行为。

- 我们会学鸵鸟，把头扎进沙堆里（我会忽视那封来信，直到我有钱或有精力去处理它）。
- 我们开始采取防御姿态（世界太不公平了，我那么努力工作，还是有这些麻烦找上门来）。
- 我们变成受害者（很抱歉，我就是没用；对不起，我让你经历了这些）。

如果你有上述任何一种行为，那你就可能失去了力量，陷入了消极的匮乏心态。

银行和企业的经营都是建立在这种内疚感之上的。我不是说，你应该不理会自己欠下的钱——当然不可以。但是，世界就是建立在"金钱很强大"这一理念上。收到一封催付款的信，就感觉像是公司在说："你欠我们钱，世界末日到了。"但我们稍稍想想就发现，经济几乎都和债务、借贷有关。如果你从更高的角度看，抽离个人感情色彩，这一切都只是一场游戏。

银行、政府以及大型企业似乎都是这样对待债务的，但是我们自己却做不到。所以，以下可能是我在本书中说过的最漫不经心的话：

你尽量不要去纠结这种事情。

模仿就是力量，是精神力量。还是上面那个场景，但是让我们带着模仿的心态来对待一切。

你收到了一封催付款的信，打开后看到了上面醒目的欠款数字。

在你做出反应之前，想象一下未来富有的你会怎么做。你会感到内疚、羞愧、痛苦和焦虑吗？

我们一起来看看吧。首先，未来的你银行里有钱支付这笔款项（别担心你现在没有，我们考虑的是未来）。未来的你是富有的，闭上双眼，想象一下。想象自己收到了账单，查看了待支付的金额，但是你有钱可以结清欠款（甚至结清之后还有剩余）。你已经感觉轻松些了。你对欠下的钱没什么愧疚感，因为你有钱可以还。你不觉得自己是个失败者。

你有钱，为什么还要逾期付款？

很简单，你疏忽了，忘记了！未来的你要做许许多多的事情：你可能有自己的事业或经常要出差。又或者你刚搬新家，对方还不知道你的住址。重点是，这就是一个疏忽。再闭上眼睛，想象一下，如果逾期付款是个疏忽，你会有什么感受？

我觉得自己会感到抱歉。基于礼貌，按时付款很重要，所以我很抱歉自己没有及时付款。

但是我不会感到羞愧。

我不会感到耻辱。

我不会因此责备自己。

这不过是个疏忽而已。

感觉好多了，对不对？我没觉得自己是个受害者，相反，我认为自己有能力扭转局面。不过是个疏忽而已。下次不会再出现了！

未来的你可能会像以下这样处理。

- 你会保持平静，泰然自若地面对账单。
- 你会立刻直接联系寄送账单的人，然后花点时间做出解释，并正面去解决问题。
- 你不会在这件事上磨磨蹭蹭，处理完它后，你会开始下一个项目（我忙着呢，没时间一直管这件无关痛痒的小事）。

你看出这两种情况有什么不同吗？

你现在可能在想："但是，要是我银行里真的没有钱，'模仿'又有什么用呢？"

的确，你脑海中想象的事情不一定会发生。但是，和你在视觉想象那一章看到的一样，只要决定了去做，我们就可以在头脑中创造出"新事实"。

这种情况改变的是你的内心世界，从认为"我就是个废物"转变为"我能行，不过是个疏忽而已"。你能获得勇气马上去直接联系寄信给你的公司或人。千万不要学鸵鸟，把头埋进沙堆，逃避问题。你要实事求是地处理问题。如果现在没钱，那也没关系，因为一切都是暂时的。

跟我一起说：

一切都是暂时的。

打电话给公司，告诉他们这是一个疏忽，你会尽快还款。问问他们，有没有更方便的还款方式。或许你今天不能一次性付清，但是可以支付一笔约定的金额，剩下的钱在限定期限内还完。你会惊讶地发现，要是真心想处理麻烦，人们还是很灵活、很包容的。

无视问题并希望问题自己会化解是很幼稚的行为，只有怀着匮乏心态的人才会如此。你不是这种人。拿起电话，打出去。拥有富足心态的人不会害怕处理自己的麻烦事，因为他们知道，哪怕现在自己身处困境，那也是暂时的，光明就在前方。带着这种心态去做事吧。

这个故事的另一种解释就是，你保留了权利。你既没有放弃自己的权利，也没有放弃自己的尊严；相反，你保留了它们。你用成年人的方式，如实地解决了问题。

你没有假装，你只是承认了现状。

你承认现在的情况只是暂时的，你很快就会走出困境。模仿不是花钱和假装一种生活方式，它甚至和钱都没关系，它是一种心态。

我们模仿时究竟会发生些什么

我想和大家分享一下，我认为模仿能发挥作用的原因。

模仿的时候，我们拉近了自己和想要事物之间的距离。"有一天"的游戏确实很容易，但是万一那天现在就来临了呢？周边的环境可能反映不出你未来会多富有，但是你的大脑可以先行一步，带你从情感上去体验那种富有的感觉。你当下能让自己体验的、任何属于未来的感觉都是极其重要的，它会帮助你的潜意识相信，你可以并值得拥有，也应该拥有那些未来的财富。

你要允许自己去体验财富带来的自由。在此之前，你可能一直都在否认那种自由，因为你已经沦为了消极金钱观下的牺牲者：愧疚、羞愧、否认……我还可以列举出很多负面情绪。

安娜·埃莉诺·罗斯福（Anna Eleanor Roosevelt）曾经说过："未经你同意，任何人都不能让你感到自卑。"同理，未经你同意，任何人都不能让你感到穷苦。

你现在没钱，并不意味着你就低人一等。你要记住富人的心态，别因为自己没什么存款，就听信内心的声音宣告"你是个名不见经传的小人物"。

此时此刻，你可以开始体验富人心态了。从心理上创造出自己富有的形象，有助于你感知自身的价值。我知道许多人很难想象自己成为有钱人，但是当你努力想象时，就像前文有关"视觉想象"那一章中所说的，脑海里的画面会变得越来越清晰。把自己看成你想成为的那个人，去模仿他，你的个人价值会出现巨大的提升。没有人理应得到钱。这就是一场去玩和去赢的游戏。

如果你去模仿，然后表现得好像拥有自己想要的金钱和自由思想一样，你周边会形成某种能量场。可能因为你带给自己更多的价值和意义，所以人们看待你的方式也会随之改变。只要你开始认真地对待自己，赋予自己更多的价值，宇宙就会看出这一点来。

给自己的服务定价就是一个不错的例子。我的在线教育公司中，有很多学员是自由职业者或经营着自己的生意。他们常常纠结于自己的产品或服务如何定价，并且总是因为自卑或缺乏价值感而贬低自己。如果我听说他们接下费时又费力的订单，但收费很低，我会问他们："富人会怎么解决这个情况？他们会接受这样的价格吗？他们会觉得自己的劳动价值更高些吗？他们会害怕再去向顾客报一个更高的价格吗？不会，因为他们知道自己值这个价。"很多学生开始更看重自己的价值，并引导自己模仿，然后再回到顾客身边，和顾客协商出更令自己满意的定价。

你向周边世界表示你多么重视自己，那么其他人也会重视你。你账户里不需要有钱，这一切也会发生。这种感觉并不是"我有了某物，所以我感觉如此"，而是"我感觉如此，所以我有了某物"。

你真正需要思考的就是这个问题。

模仿催化梦想

你听说过"爱过、失去过，总比没爱过好"这句话吗？我认为金钱就是个反例。曾经家财万贯如今一贫如洗和从未体会过金钱带来的自由相比，前者更痛苦。

你认可吗？你可能会觉得变穷了的富人还是特别幸运的，毕竟他已经体会过人生的美好了。但是，再试想一下，美味的食物尝过一口后，就被端走了，然后你再也吃不到了，这其实很痛苦。

我之所以提到这一点，是因为这也是模仿的力量巨大的原因之一。一旦体会过拥有财富是什么感觉，你就不会让它消失。你会希望它一次又一次发生，或者干脆成为你能经常体验到的东西。感受你想要的东西，可以帮助你更快地得到它们。所以，模仿可以激发你的动力，加快你的旅程。

如果你现在有机会去体验自己想要的生活，那么不管你用什么方式，去做吧！

在我还没改变自己的金钱观以前，如果被要求经过头等舱走到经济舱，我会觉得很糟心。

过去的我会告诉自己："那些富人会要求我们这些穷人从头等舱走回自己又小又破的座位上去！看看他们，正在朝我们炫富。不然，谁愿意花6 000英镑坐飞机。"

最近，我们一家人坐飞机去洛杉矶度假，同样不得不穿过头等舱的座位区。我已经做了很多关于建立积极金钱观的工作了，所以我决定要利用好这次机会，在大脑里播下一些显化的种子。经过头等舱时，我故意走得很慢，环顾四周，观察所有细节，皮革的针脚、宽敞的座椅、木纹的颜色，然后用手触摸每个经过的椅子靠背。我还摸了摸其中一个座位上那条豪华、柔软的毯子。我享受了这片空间的宁静氛围。我特意做这些举动，就是为了确保自己不会满足于经济舱的座位。

你可能会问："莎拉，为什么你要让自己不满足于经济舱的位置？"

好吧，我想体验坐头等舱的感觉。我没有评判他人，也没有强加自己的金钱观到头等舱乘客身上；相反，我带着一丝好奇，开开心心地环顾四周，心里想着，"哇，坐头等舱一定很棒！"

当我坐在经济舱后，便开始沮丧了，因为我不得不挤进那小小的座位。你可能会好奇，为什么我没有唠叨过感恩的环节。我和感恩之间有一种奇怪的联系。很多介绍吸引力法则的书都浓墨重彩地讲解了如何感恩：感谢你的工作！感谢你那该死的老板！感谢今天是你打扫厕所！

感恩当然很重要，特别是当它自然而然地出现在你的生活中。但是我觉得你不应该浪费时间，"假装感恩"那些自己想改变的事物。挫败感实际上蕴含着巨大的能量，并且我发现它是积极的能量。它不是无病呻吟，而是在说："我想要这件事变得更好"，并且找到办法付诸行动。想要改善生活而遭受的挫败感会促使你前进。我那天路过头等舱的感受是："真开心，我可以和家人一起去洛杉矶度假。下次要坐头等舱去！"你可以既承认一种情况积极的一面，而又不否认你还想变得更好。

我还发现，如果模仿着去做，甚至模仿着去想，我能更好地意识到，我想要实现的某些目标并没有我一直认为的那样遥远。

刚开始改变自己的金钱观时，我办了一家健身房的会员卡。这是一个基础的健身房，每个月收18英镑的会员费。我那时心力交瘁，时常焦虑不安，所以想试试运动对我有没有帮助。我还研究了所有我崇拜的企业家，发现他们都很注重运动。所以，我就模仿他们，也去健身房办了会员卡。我只做一些基本运动，但是我很难激励自己动起来，几乎就是止步不前。我真的不懂怎么用这些器械，也不太在乎锻炼效果，不知道我要锻炼身体的哪个部位，也不知道要练习哪些综合项目。我就是个菜鸟！我不停地对自己说："我要是有个私人教练就好了。"这样我就有追求了，也有人会指导我实现目标，并且我也不用担心不会使用那些令人望而却步的健身器材了。不过，只有富人才会请私人教练，毕竟，私人教练还是很贵的！但是，真的很贵吗？事实上，那时我并不知道请私人教练要多少钱。我从来没有研究过请私人教练的费用，因为我告诉自己，未来"有一天"我会请得起私人教练的，但是绝对不是现在。

你肯定猜到我接下来做了什么，对，我遵循了第一步法则！

首先，我调查了一下，健身房里的私人教练上课大概要多少钱。调查后我惊讶地发现，健身房给会员提供私人教练的免费体验课。我想到了模仿。即便除了第一次免费体验课以外，我不大可能买得起付费课，但是体验课也能让我体验到那些请得起私人教练的富人的感受。哪怕没有别的什么收获，我也能学会一些练习动作，也能更熟练地使用健身器材。这有助于我进行视觉想象，也有助于我在未来能够模仿得更好。所以，我选择了免费体验课。

体验课很有趣，我免费学了不少东西。直到体验课结束，也没有人给我推销过什么课程，所以我也没有因为买不起付费课而尴尬地一直"后退"。

（突击测试！想想你可以说什么来替代"我买不起"？比如"有些超出了我的预算"。）

上完体验课后，我很容易就能视觉想象出自己每周和私人教练一起运动的场景了。我能拥有私人教练的可能性变得更大，我也更迫切地想拥有私人教练！第二天，我感觉我的肌肉在燃烧，我甚至可以感知到，如果我坚持下去，我的身体和思想会发生什么变化。

我决定要找个私人教练，于是我和免费体验的那个教练聊了聊。我问他的授课价格和学时有没有什么优惠。我打算和他做笔交易，用我的专业知识换他的时间，或许我还可以帮他经营社交媒体账号或帮他制作更好的视频。我很惊讶，私人教练的费用比我预想的要合理得多。更重要的是，他愿意给我上 30 分钟的课程，收费是正常 1 小时课程费用的一半。每周 30 分钟也足够带给我燃烧的感觉了！我接受了这个方案，因为我知道私人教练可以为我的精神和身体带来多大的价值和收益。

我削减了其他方面的花销，也更少地买外卖和垃圾食品，把省下的钱都用在了健身上。4 年后，运动已经成为我生活中不可或缺的一部分，我受益良多！我很恼火自己到 30 岁才发现运动的力量，但这是另一个故事了。

让我们来分析一下上面的故事发生了什么和它是如何发生的

我想象富有的我会怎么做：在本次情况中，要聘请一个私人教练。

问题出现时，我没有说："哦，那永远也不可能发生"，或者说"有一天"，然后就不理它了，我决定去模仿。

我参加了免费体验课，去真正感受有私人教练是什么感觉。

免费体验课带我进入了拥有私人教练的富人的思维模式。我可以更好地去模仿和进行视觉想象。

> 我体会到有私人教练是什么样子，所以我开始在生活中优先考虑聘用私人教练一事。体验过免费课，我知道自己真的想要私人教练。
>
> 我遵循第一步法则，做了研究，调查实际所需花费，而不是单纯进行假设。
>
> 我没有逃避高昂的费用，相反我选择正视它，和教练协商可以达成的价格。

我之所以分享聘用私人教练的故事，是为了告诉大家，我们经常以为自己处理不了某些事情，但是事实并非如此。我们告诉自己，它们太贵了、太耗时了、不适合我们，等等。这都是些精神障碍，是我们强加在自己身上的——或许是为了保护自己待在舒适区。我知道，舒适区既舒适，又温馨，还没有人挑衅你！听起来就很美好，当然，你在舒适区待上一段时间也不错。但是你不能一直待在那儿，因为你在舒适区是不会有进步的。

你每迈出舒适区一次，你的舒适区就会扩大一点儿，就像你从自己柔软而温馨的小窝，走到了外面的寒冷天地，然后你铺了些小地毯、垫子和暖和的毯子。如果你不迈过边界，你的舒适区就永远不会扩大。你难道不想要个更大更温馨的家吗？模仿就是在扩大你的舒适区，把你未来想成为的人带到你眼前。遵循第一步规则，然后去模仿，找到方法，用可承受的价格去体验一些新东西，赋予自己富有的感觉。我们都知道，自己感觉越好，就越能吸引那些会带来好感觉的东西。花了点钱，没有得到你预期的满意效果，这看起来不太好，因为这个体验过程确实费钱，但是它给你的感觉——以及这种感觉所创造出来的东西——是无价的！

一切皆有可能。纸上的不一定就是最终答案。你总是可以谈判、要求优惠、买卖服务、以物易物等。"富有的你"会怎么做？你会接受对方的价格吗？不会的，朋友！你知道自己有能力讨价还价，有信心做笔好买卖。你是不是已经发现，富人通常是第一个尝试，也是第一个获得大买卖的人？他们知道自己金钱的价值，也愿意为自己挺身而出，实现金钱真正的价值。

账户里没有100万英镑，并不意味着你没有精神力量，不可以做成一笔大买卖或实现金钱的价值。相信自己和百万富翁一样有谈判能力，看看你身上会发生什么。

优先做事

写到这一章，我不能不提到"优先"一词。我们经常纠结于那些还没有显现的东西，但如果后退一步，你真诚地问问自己："我需要优先做这件事吗？"答案很可能是否定的。

除非你想优先做某事，否则你是不会动手的。请相信我，如果你同时有太多优先事项，你恐怕很难完成它们，特别是和金钱有关的时候。首先，一次只专注于一件你想实现的事情就很好。想清楚为什么这件事对你这么重要？它会改变你生活的哪些方面？你怎样才能过得一天比一天好呢？

我曾经读过加里·凯勒（Gary Keller）的《最重要的事，只有一件》（*The One Thing*），书中说成功的关键是一次只做一件事。

这个原则也可以运用于金钱和显化你想要的东西上。加里·凯勒在书中写道，如果你要做好一件事情，那当你全神贯注于它的时候，就要做好准备，去面对其他事情堆积在你四周的情形。我知道事实的确如此。你要是目不转睛地盯着一个地方，生活中的其他事情自然会堆积在你身边，因为你没有时间和精力去思考它们。你必须接受这一点，并习惯这种情形。

就像我在第 6 章提到的那样，我已经在心愿板上写了好几年我想去东京旅行了。我去了吗？没有，因为我没准备优先实现去东京旅行的目标。我大部分的精力都投入发展自己的在线教育业务，并且我所有的显化努力都在此得到了回报。我毫不怀疑，如果我明天决定要优先实现去东京旅行，那么我很快会实现的。

你想优先考虑哪些金钱事宜

你想优先做的事情可以是还清债务、得到更高的薪水、去度假、付购房定金……一切都取决于你。你只要确保它是优先事宜就好了。

在下方写出 3 件你优先考虑的金钱事宜。

1. _____
2. _____
3. _____

迅速模仿法

力量姿势

如果你从来没有听说过力量姿势,那么下面这些身体姿势可以帮助你感觉更有力量、更放松、更有控制力。力量姿势本身就是一种模仿。

力量姿势因人而异,取决于你认为什么是健壮、什么是力量。很多人认为力量姿势就是双手叉腰,就像"神奇女侠"(Wonder Woman)一样。姿势本身并不重要,重要的是姿势带来了什么。比如一个绝不妥协的女强人经常使用的一个力量姿势是,背靠在椅子上,双手枕在脑后,双脚就架在桌上。这个姿势让我想起那些不可一世、目空一切的人。又或者,力量姿势是站立时,双手撑在桌上,身体向桌子方向前倾。这个姿势给人以压迫感和力量。实际上,任何一种力量姿势都没有真正地使你更有力量,它们只是让你看起来更有力量。

你已经很熟悉这一套了:要是抬头挺胸,昂首阔步向前走,你会觉得自己所向披靡,无往不利。当你下次操心金钱问题时,想想未来富有的你会摆出什么姿势,然后试着做出这个姿势。这样你就能快速改变自己的心态了!

去勇敢试穿

以前我总觉得,只有拥有了一定数额的财富,才能进入品牌服装店里消费,就好像我一进门,服务人员就会"扫描"我的银行存款一样。我总觉得自己不够好,没资格去碰那些衣服,甚至连试穿都不行。但是我又回想起了那句话："未经你同意，任何人都不能让你感到自卑。"

所以我开始逼迫自己走进品牌服装店，去试穿衣服，摸摸面料，和销售员交谈，就像我应该在那儿一样。因为我做到了！我从来不会真正买下什么。每次走进品牌服装店，感觉自己被接纳，我因此会更强烈地感受到，我拥有奢侈品的梦想是可以实现的。

事实证明，店员总是热情洋溢地围在你身边，提供着"过分"周到的服务。我从来没有经历过电影《风月俏佳人》（*Pretty Woman*）里的场景，从没有被赶出去过。

想一个你觉得自己不属于那儿并且不敢进去的地方。可能是豪华酒店、品牌服装店、化妆品店、健身房。你不用真的花钱！试着找出自己能免费体验的东西。你可以做这些！真实地体验那种生活的滋味，然后推动自己实现目标。

问问你自己

每次做决定前，问问你自己："富人会怎么处理这件事？"记住，不是每次都是靠花钱去解决问题，这事关你的心态，你要去发现自己的内在力量。

练习

你要开始了解自己即将迎接什么，并从现在开始模仿。

第 9 章

学会说"不"

本书中有许许多多的个人挑战，你可能会排斥我要求你做的事，因为这些事把你推出了舒适区。但是，就像珍常和我说的一样："如果你想要改变人生，你就要去改变生活。"

　　当然，你会遇见阻力——这很正常。我已经从最简单的步骤开始教你了——如何质疑世界的运行方式、自己的思维方式，帮助你做一些细微的内部调整。你可能发现这些事情有趣又简单。

　　好吧，你一定也会发现最后两章是最具挑战性的章节。你正面对人生转折点，从消极金钱观转变为积极金钱观，所以你必须把自己摆在首位。这意味着，有些人可能会生气——你要能坦然接受。

　　经过这次显化理财之旅，你会发现，自己有关金钱的想法和行为都发生了巨大的变化。本书即将接近尾声，我必须要花点时间和你聊聊价值。

　　"认清自己的价值"似乎成了流行标语。它是社交媒体的完美素材（我自己就曾经在某些地方引用过这句话）。但是究竟怎么样才能算是认清自己的价值呢？长久以来，你对金钱都不屑一顾、深恶痛绝，要怎样才知道自己的价值呢？

冲着朋友们高呼口号"弄清自己的价值！"这固然很好，但是如果你光说别人，自己却做不到，那就没意义了。很多人都认为，只要有工作、金钱、机会出现在自己的生活中，就绝对不能错过或放弃。我真的是指不放过任何一个。这些不就是大多数人所学的吗？但是，我对此持反对观点——不能饥不择食。事实上，做选择真的很重要。

关一扇门，开另一扇门

我多年和女性一起工作，经验告诉我，大多数人女性非常害怕说"不"。我接触过许多女性，但只有几个人，能够对别人提的请求说"不"。她们通常也不会事后纠结好几个小时、好几天或好几周，担忧别人会怎么评判自己。我们都想拒绝那些不适合自己的生活方式、自己不想要的东西，或者——更为重要的是——拒绝那些低于我们预期回报的事情。但是很多时候，我们会一边妥协，一边厌恶结果，因为最初的时候我们并不想接受。那么，问题来了，我们为什么会那么介意说"不"呢？

因为我们学的是为他人着想。

优先考虑自己，追求自己想要的东西不属于"好"品德的范畴内。我们学的是善良、无私，为别人着想。我不是说永远都不要这样做，只是有时候你可以把自己放在第一位——也应该把自己放在第一位。事实上，把自己放在第一位非常正确。

害怕说"不"是致命的弱点，它会阻碍你赚更多的钱。它是破坏财富的有害物质，让你多年来一直原地踏步，没有任何进步。很抱歉，我说得太直白了，但是事实就是如此。

要友善点、要诚实点、要乐于助人？是的。但是你不能一味地竭尽全力去帮助他人，以至于迷失了自我。你不要等到临终前才发现，虽然自己帮助了很多人，自己却一直原地不动。我知道你不想这样，否则你就不会拿起本书了。

听清楚了：

我们必须要适应说"不"。

不管你遇到了什么，机遇也好，工作机会也好，还是潜在的合作也好，你既不能脱口而出"好吧"，也不能说"天哪，不"。人生苦短，你不能浪费时间做自己不开心的事，也不能浪费时间单纯地履行自认为的义务。

假设你是一名平面设计师，刚刚成为自由职业者，想接活儿，开始积累自己的代表作品。这个进程很缓慢，因为你刚刚进入这个行业，还没有大量的作品可以证明你的专业技能。有一天，你的朋友介绍熟人给你，对方想要份平面设计图。这不是什么值得兴奋的工作，但是你会想，"它至少是份工作"。

你和这个潜在客户交谈，但你没有任何激情。事实上，这个顾客看起来很难缠，说话的方式有点居高临下，你的直觉告诉你，你并不喜欢为他工作。

但你决定忽视直觉。大脑的逻辑思维开始上场了：你的自由职业还刚起步，现在凭什么挑三拣四呀？朋友介绍给你这份工作，虽然它并不完美，但是至少能获得一份收入呀。

你接下这份工作后发现，它不仅超出了你预期的工作量，而且还相当耗时。你想要重新和顾客商讨价格。但它是你的第一份工作，你不想失去它，而且你还有一大堆要付的账单。想到这儿，你报出了比平时更低的价格，并且还留有议价的空间。"还算过得去啦。"你可能会想。你一直纠结于定价，纠结了好长一段时间，认为自己的定价可能还是太高了，最后你决定再低一点。终于，你给顾客发出了邮件。

过了几天，你仍在担心自己定价是不是太高了。你忧心忡忡，认为自己或许根本就不适合自由职业。其他人都是怎么做到的？这太痛苦了！

几天后，你终于等到了回复。顾客不同意这个价格，希望你再定低点。顾客说："我可以找到要价更低的人来做这事儿，但是苏菲和我说，你需要工作，所以我觉得你能帮我个大忙。"你感觉不自在、寄人篱下、低人一等，但是你需要这份工作，因此你同意了顾客的要求。

你开始工作了，接下来的几周成为噩梦般的经历。为这个顾客工作简直是一场噩梦——你的直觉很正确，他就是个讨厌鬼。你会想："我为什么要同意？我就知道它是噩梦！"每次你拿出笔记本电脑开始他的工作（他一直催促你，但根本没给你足够的时间），你都愤愤不平，怒不可遏。

最后，你终于结束工作了，你开始反思发生了些什么。你不仅没有愉快的工作经历，也不满意自己的工作结果，顾客坚持要调整和改动许多地方。所以，这一切是为了什么呢？更糟糕的是，他拖了一个月才付钱给你，害得你没法还账单，还多付了滞纳金了。

真是糟糕透了！这位平面设计师接下这项工作就等于告诉全

宇宙、告诉她的潜意识，她能力不足，完不成高质量的订单。她绝望之极，才抓住第一个出现的机会紧紧不放。

这种事在你身上出现过吗？我认识的许多自由职业者都经历过类似的事情。其实这种情况可能发生在任何人身上，不论你有没有自己的事业。你自己有多少次帮助别人，但是那个人从来都不会回报你？又或者，你有多少次完成了并不喜欢的工作项目呢？再或者，你有多少次为了钱，接受了低成就感的工作？

有钱人会做这些吗？不会。因为他们知道自己不需要。

我知道学会说"不"很难，因为很多人深陷绝望之中。相信我，我理解。但是任由绝望牵引着你，接受自己并不想要的东西也很麻烦。另外，我们来聊一聊上文的平面设计师犯的主要错误——她无视了自己的直觉。

直觉从不骗人。你感觉某事不对劲，或你可能讨厌某事继续发生，这都是直觉在引导你去做正确的决定。听别人说，"我告诉过你"，你可能会很难过。但是你知道更难过的是什么吗？你自己的大脑说："几个星期前我就告诉过你了！你为什么不听？我甚至说一大堆气话让你不舒服，让你觉得自己会失败，但是你就是不听！"

这感觉糟糕透了。因为你明明知道自己可以做什么，但是你没有做。

上文的平面设计师不仅无视自己的直觉，还同意接下业务，为她并不想吸引的顾客工作。吸引力法则不仅适用于金钱，也适用于其他各个方面。如果她真正想设计的是非常酷的街头风设计，但是她去帮别人设计无聊的PPT。这符合她的愿望吗？不符合。她不太可能真正地得到自己想要的工作，不仅仅是因为她下意识地告诉自己，自己没能力，得不到想要的工作，更是因为她选择了错误的业务内容。如果我想找个人帮我设计非常酷的街头风的网站，我不会选择那些作品集里全是 PPT 的设计师。

你看明白了吗？

弄清楚自己想要什么，然后说出来。创造它，模仿它，然后等着它来。

上例中有个最麻烦的问题，那就是这个设计师从始至终都没有体验到高调氛围。她感觉自己技不如人，没有任何价值。她和顾客的互动，没有带来任何能量，反而滋生了怨恨。而且怨恨会滋生消极情绪，带来压力。你要像切除肿瘤一样，切除怨恨。

我一次次看到有些人向这种情况妥协。你可能会想，"为什么？又不欠别人什么，为什么要妥协？"

但是说得容易，做起来难；劝人容易，劝己难。我们常常忽视自己的价值，甚至为了取悦别人，贬低自己的技能、才华和价值。

适可而止吧！你要学会说"不"。拒绝一些初级项目，因为你知道自己值得去追求更有挑战性的东西。拒绝那些糟心客户，为优质客户空出场地。你要相信拒绝带来的力量。拒绝会帮你保持清醒，阻止你接受不适合自己的东西。

你不一定要恶声恶气地说"不"，相反你可以有礼貌地拒绝。你可以委婉地拒绝请求，甚至还可以编个借口，拒绝自己不想做的事。当然，最好不要撒谎，培养你拒绝的自信和能力。不要接受任何与自己的价值不匹配的东西。

拒绝他人很难。你经常会因此看到他人一脸震惊的表情，甚至有时还会因此受到评判。听到"不"，尤其是听到女性为了捍卫自己，骄傲而又坚定地说"不"，有些人会感到格外震惊。

我来告诉你吧。

你有权利说"不"。

你不需要向任何人解释自己为什么说"不"。

你永远都不需要解释"不"。

你永远不需要因为说了"不"而难过。放过自己吧，只要你自己知道自己的理由就好了。

没有人可以让你因为说"不"而难过。他们很可能试图这样做，但是你必须反抗。

你永远也不能纠结于说"不"。你必须说"不"，然后接着前进。

如果别人想坐下来，细细评论你的"不"，那是他们的事，与你无关。

说"不"帮助每个人各得其所

通常人们之所以担心说"不"，是因为人们认为拒绝会让别人失望。然而，事实恰恰相反。

如果你对某人说"不"，你其实是在帮助那个人找到适合自己的人。因为你并不适合他。上文那位平面设计师就不适合那个顾客。不仅她自己情绪低落，感觉不值得，顾客也不开心。因为他雇用的设计师，对项目没半点激情，反而怨气满满。最后，设计师往往不会在这个项目上投入过多的精力，最终也伤害了顾客的利益。

在这类相互作用下，我们"感知"到了某种能量。有时候，事情就是让人感觉不对劲。没有原因，你就是和某人气场不和；或者和某人说话的时候，你几乎可以感受到他压抑的怒火。对此，我没有科学原理可以解释这种现象：有时候，事情就是让人感觉不对劲。

相反，如果上文的平面设计师当初拒绝了这个项目，那位顾客不得不去寻找其他设计师，他或许会找到更适合自己项目的设计师——某个和他一样喜欢商业PPT的设计师。他们也许可以度过几个月开心共事的时光。

如果你的直觉告诉你某些机会、顾客、工作、要求等，并不适合你，但你还是义无反顾地接受了，那么你可能在伤害自己正在"帮助"的人。你可能会想："呵，那个顾客就知道压价，他只配这种服务。"其实那个顾客也不一定是个彻头彻尾的坏人，或许他就是有点天真。好吧，这引出了我的下一个观点。

你的价值和他人无关，你的价值由你决定

他人在金钱上提供给你什么，和你无关，只和他们自己有关。

上例中，顾客报给设计师的价格低于设计师认为的价值。这和设计师有关吗？没有。顾客眼中设计师工作的价值怎么影响他自己才和价格有关系。这一切都关乎设计师的工作与顾客视野的吻合程度。或许顾客不是很重视这个项目。又或许原来有人为他提供过类似的服务，但是收费更低，所以他才会那样报价。我重复一遍。这所有的一切都和设计师的实际价值无关。

你不能因为别人报酬给得少而摆脸色。人们对事物——甚至对你，都有自己的价值判断。你自己眼中的价值和别人付你多少

钱无关。

我经常看到人们因此生气。"你相信吗，那份工作他们只付给了我这么点儿钱！"要我说，他们不应该生气。因为别人没看到你的价值，所以他们就要承担一切责任？发现你的价值不是别人的工作。你决定自己的价值，因此让别人看到你的价值是你应该负责的事情。不论出于什么原因，别人没有看到你的价值，那都没错。你可以一笑而过，继续前进。为什么你有那么多价值，别人却不愿意付那么多钱呢？如果你苦思冥想这个问题，情绪就会变得低落。同时，这也会助长你的受害者心理，你现在知道了，自己压根不是受害者。你才是控制自己生活的人。

要是别人对我或我所做的评价过低，我很愿意说"不"，然后继续前进。如果他们来质疑，我也很愿意解释，为什么我有更多价值。我之所以敢这样做，是因为我内心知道自己是什么人，知道自己能带给别人的价值。现在，你可能察觉不到自己心底的自信。其实，培养自信很容易，尤其是当你注意自己的现金流的时候。如果遇到经济瓶颈期，你很容易产生一种被压在食物链低端的感觉。

但是，我告诉你个小秘密：即便你的财富增加了，你的自信和价值也不一定会增加。这又是另一个故事了。

反之，你的价值和自信增加了，你的财富就会增加。

所以你要先从心理建设开始。

如何爱自己

你是最棒的，但是有时你会忽视这一点。我说"爱自己"并不是要你去外面四处吹嘘，说自己是世界上最伟大的人。我的意思是，你要尊重自己，发现自己的伟大之处。让我来帮帮你吧。

你想爱自己吗

如果你想，那太好了！如果你不想，你就要研究隐藏在内心深处的东西，它可比我的建议重要多了。如果你不知道自己想不想，我建议你向咨询师寻求一些专业帮助，他们可以帮助你理清发生了些什么。请一定要去！因为我知道，你是最棒的，所以，为了爱自己，就去做你想做的事情，这至关重要。

别再攀比了

攀比是个大问题，尤其是社交媒体出现之后。每个人都有优缺点。你要弄清楚什么成就了你，并真正地去欣赏它们。好吧，或许萨利有一头秀发，但是她算数有你快吗？她能像你一样受到所有侄子侄女的喜爱，做个很酷的姑姑吗？每个人都有自己的长处。我们要坦然接受自己的一切。比如说，我永远都不会散发出优雅的魅力；我协调性差，骨瘦如柴，身姿也不曼妙，除此之外，我还弯腰驼背，走路像十几岁的男孩。但是我聪明伶俐，学习能力很强，只用眼线笔就能画出不错的猫眼妆。不要挑自己的短处和别人的长处相比。相反，你要正视那些成就你的东西，然后欣然接受它们。

什么成就了你，就在这个方面全力以赴

感觉哪里舒服，你就去哪里；什么开心，你就做什么。如果你酷爱什么，想在这方面多花钱，那就花吧。如果它能为你带来

高调氛围，那你就放手去做吧。我并不是说哪怕会债台高筑，你也可以去做。我也没说，你只有 50 英镑，但是你不去还电费，反而买了化妆品。我是说，要是有机会"善待"自己，不要因此内疚。因为在自己的喜好上投资，可以有效提升你的自我价值。

> 写下 5 件让你感觉自己惊艳于世的事情。任何事情都可以！
> 1. _____
> 2. _____
> 3. _____
> 4. _____
> 5. _____

说"不"的小技巧

对大多数人来说，说"不"是个不小的挑战，所以我想和你分享一些小技巧，教你如何礼貌地拒绝他人。

"非常感谢。尽管我想帮助你……"
"我现在努力的目标和以前不一样了。"
"我恐怕不能胜任这份工作，不过我可以帮你推荐其他人选。"
"你需要的是能全身心投入的人，但是我现在事情比较多。"
"我制定了一个大目标，所以我可能真的没有精力再做其他事情了。"

现在，所有关于认识自身价值和说"不"的谈话都很重要，你可以少生气并省下不少脑力。

但是这里还有些伟大的力量在发挥作用。

好事将临

学会说"不"有很多好处。说"不"可以减轻你的日常压力，可以帮助你更加享受每一天的生活，可以帮你停止怨恨。最重要的是，说"不"其实是在发射信号。

你在告诉宇宙，你很重视自己，你在等待正确的事情发生。你不害怕结束自己旧的生活方式。永别了，破碎的旧生活！你在告别旧生活，迎接全新、丰富、富饶的生活。为了实现这点，你需要少说废话，告别对你没用的东西。你值得拥有更好的，你也知道自己值得更好的。你愿意拒绝与自己生活格调不一致的事情。你在等待和自己目标一致的东西——这些东西让你感受到自己的价值，感受到被尊重，感受到富有。

你相信更好的事情即将发生。你准备好了，只要更好的事情出现，你就会采取灵感行动，用自己的双手一把抓住它。

因为你等的就是它。

练习

写一张清单，列出曾让你妥协的，令你怨恨或被轻视的事情。其中可以包括答应亲朋好友的事情、接下的工作任务、应承下的项目等。你列清单的目的，不是坐下来感慨人生。相反,你要从中吸取教训。比如你的直觉告诉了你什么,但是你为什么没听?你从自己身上学到了什么,从此你是否还会犯同样的错误?

使用下方的"我要说'不'吗"一览表,开始练习说"不"。

问自己以下问题。

- 我真的喜欢这些事吗?
- 这会帮助我实现目标吗?
- 如果我账户里有钱,我还会接受这个任务吗?
- 这会带给我高调氛围吗?
- 这个项目或机会配得上我的价值吗?符合我的兴趣吗?

回答上述问题,决定这件事值不值得你花时间。如果不值得,说"不",然后继续前进。不要为它苦恼。请记住:如果你不是出于正确意图而接受了工作任务,那你也是在折磨别人。要习惯说"不"。

第 10 章
不破不立

你要知道，改变就是可能会遇到些阻力，这完全正常。所以如果你在金钱方面又使用了消极语言，或又回到了原来的感觉，你也没必要惊慌失措或埋怨自己。

你可以反复阅读本书，如果你能在家里找个位置放好本书，等你什么时候需要帮助了，就去查阅，那我会很开心。我的梦想是，你不停地翻阅本书，你书中标记的部分、画线的地方以及手指滑过的页面甚至都从书页中脱落下来。

你已经开始了自己的改变之旅。哪怕你现在正走在致富的道路上，你仍会不时觉得自己距离财富很远。例如，我第一次健身的时候，已经准备好了改变自己的生活方式，但我还是会不停地劝自己放弃。大脑里会有一个轻微的声音和我谈判，它说："今晚不用去健身房了，你今天已经很累了。"这个轻微的声音就是个"混蛋"——它潜入你的大脑，和你谈判，在你还没反应过来以前，它就赢了。

这个轻微的声音很有说服力，你猜猜这是为什么？因为它知道你的点点滴滴——它能进入你思维的任何角落，以任何一个小缝隙为支点，撬开一片天地。它用你的思想攻击你，促使你回到原来的舒适区。其实它并没有那么邪恶。它不过是想保护你，给你舒适感。但是，如果你要成长，就不要让它留在你身边。

这个轻微的声音确实会阻碍你前进。它会和"从前的你"结盟，然后一起压倒那个想前进、想变得积极的你。它们会想方设法压制你，让你临阵脱逃。

但我也想说：所有这些感觉都是正常的。

如果你还在读本书，并且在尝试去做些改变时产生了类似的感觉，这没关系；或者如果你已经读完了本书，开始踏上自己的旅程了，也产生了这种感觉，那也没关系。你不是个失败者。这并不意味着你无法改变了。你知道我花了多长时间才变成健身达人吗？

两年。不间断的两年时间。我的私人教练不断让我对自己负起责任，并努力激励我。我甚至还没有算上之前的时间，那时我总是想象着自己达到理想的健身境界。

改变心态是一项艰巨的任务。它需要连贯性、努力、意志力，最重要的是它需要你有能力忽视脑海中那个轻微的声音，以及曾经的你——这些都是改变的"敌人"。

我知道这个改变十分重大，所以我想给你们一些应对的建议，或许可以帮助你们更顺利地完成改变之旅。

如果朋友不理解你

在成长的过程中，你可能和志同道合的人结成了朋友。随着年龄的增长，你选择的生活方式或你的家庭结构会提供给你与他人联系的环境。比如，一对有孩子的夫妻，可能他们结交的大部分朋友也有孩子。当然，有些朋友不仅和我们的长相、声音、行为相像，还和我们背景相似。正如我愈来愈发现的那样，我们和朋友之间存在很多相似之处，而且大都集中在心态以及理财方面。

你可能发现，好友圈里的人基本和自己有着差不多的财务状况。但是你们的金钱观是个问题。是否你的朋友也拥有你曾经的消极金钱观呢？在你建立积极的金钱观时，你会发现自己的语言变了，做出的选择也变了。你很有可能打算做些改变，比如换个地方闲逛，购物。这些都是你心态演变的过程。你会开始寻找更好的自己，所以自然而然地，你为人处事的方式也会改变。你在升级自己的内部连接方式。在这个升级过程中，某些友谊可能就没那么好维系了。

许多人没那么容易接受，自己的朋友突然间发生了翻天覆地的变化，尤其是这个朋友原先还和自己有着相似的思维方式或生活方式。你改善生活所采取的措施可能无意间会对某些朋友产生刺激，所以他们会发出反对或批判的声音。

金钱是个感情色彩颇浓的东西，它的根基十分稳固，所以它能引起各种情绪。但是通常情况下，这些情绪反应都毫无意义。你的朋友可能也没有意识到自己在做些什么。他们可能会说类似的话："我只是不忍心看你沮丧"。然而事实并非如此，相反，可能是他们自己感到沮丧。他们很沮丧，因为你已经做出了积极的转变，而他们还没有去改变。

这些反应也许不是出于恶意，只不过是出于脆弱而已。所以，我不建议你完全和朋友断绝往来。相反，我建议，如果你开始自我改变的时间不长，还很容易受他人影响，那你尽量避免和朋友谈论金钱就好了。

在改变的早期阶段，你自己原有的思维模式都很容易将你拖回泥潭，更不用说还有第三方的参与了。尽管你朋友不会那么言辞犀利，但是他们会放大你内心质疑的声音，促使你认为自己永远都无法改变，或认为自己不够好。

如果你的朋友对你的致富之旅不感兴趣，那下面有些小技巧可以帮到你。

- 不要直接告诉他们。你先调整好自己的心态，直到你可以控制自己内心的想法。到那时，也只有到那时，你或许才可以从容应对外部声音的干扰。
- 不要聊金钱。你们有很多共同的兴趣，当然，其中很多兴趣也和金钱有关，但不是直接有关。什么不会引发你去评判，你就聊什么话题，就进行什么活动。
- 你完全可以和一些朋友聊特定的话题，和另一些朋友聊金钱。
- 即使是朋友用了消极语言，你也不要和以前一样用消极语言。
- 如果话题的走向开始推动你使用消极语言，那就停止吧。换个话题！

我知道有些建议看起来可行性不高。毕竟，他们是你的朋友，他们可能会经常向你抱怨自己在金钱上做出的斗争。我知道实施上述建议很难，但是你自己都还在自我调整的过渡阶段，你不能总是为别人着想。如果你周围的人一直试图拖你回到消极金钱观的对话，你就不可能建立积极的金钱观。

一旦你觉得自己在改变的路上走的时间够长，路程够远了，你当然可以重新和朋友聊金钱，给陷入经济问题的朋友提供爱与帮助。我现在经常这样做，因为我清醒地认识到以下两点。

1. 在金钱方面，我代表积极的支持力量，可以带来积极的影响，而不是进一步加深他们的受害者心理。
2. 我不会受他们的干扰。我不会因此质疑自己积极的金钱观，或又因此产生了消极金钱观。

我会引导朋友聊聊可能对他们有帮助的事情，就像我刚开始旅程时做的那样，从而确保我们的话题朝着积极的方向前进。

你的朋友可能还没有准备好踏上你走过的旅程。没关系。想想你自己花了多久时间才抵达终点的。每个人都是不同的个体，面临的问题自然也不同，有些人需要更长的时间。

记住，你要努力对朋友产生积极的影响。一开始，他们可能很难适应，但是相信我，时间长了一定会有收获。在提及金钱时，一群朋友无论是语言还是行动都积极向上，充满乐趣。你想象一下其中的力量！我可以用自己的亲身经历告诉你，这就是几年后我好友圈的状态。我真的从来没有经历过这样的事情。我看到我的朋友们在事业、财富、健康、人际关系等方面，越来越强大。除此之外，我们对彼此都充满信心，相互支持，共同期待我们实现的目标。我真心认为，这种相互支持为我们带来了更多成功。

如果伴侣不理解你

在我和珍一起开通的在线"金钱和显化理财"课程中，我最常听到学生担心的事情之一就是：开始关注自己的金钱观以及显化后感觉伴侣并不支持自己。"嬉皮士"和"迷信"两个词经常出现——说实话，对此我表示理解！我完全能理解为什么外人会这样看待我们，尤其是在讨论一些无形的东西时，比如思维模式或宇宙。

我认为，我们在朋友那里受到的阻力，到了伴侣这儿就会更大。这感觉就好像，伴侣间要么一起合作，要么就争夺权力。通常情况下，那些表示反对的伴侣都是出于担心，害怕自己的另一半正被骗，或对注定无望的东西抱有幻想。但是我认为这个过程也能向我们展示，自己的伴侣对金钱真实的感受，或许还能反映他们的金钱规划。

有时候揭示出的东西可能是悲伤的、令人忧愁的，甚至是痛苦的。有些人的确经历过一些不公。我们前面研究了固化的思维，如果这些固化的思维不解决，它们真的会影响我们的日常生活。就像我之前说的，对很多人来说，金钱都是个极富感情色彩的东西。你踏上了追求快乐富有人生的道路，并不意味着你的伴侣也会如此。对此，你可能会惊讶，也可能会失望。你从没想过自己的伴侣会不理解自己，对吗？毕竟，如果你的伴侣爱你、关心你，为什么他们会不接受你的改变呢？更何况你富有了，会直接影响你们两人的生活质量，所以他们为什么不理解、不支持呢？

原因很复杂。

和你的朋友一样，你的改变也会让伴侣产生不好的感觉。你要准备好面对这些，就像你在好友圈里做的一样。不过有些不同的是，你无法减少和伴侣在一起的时间，也不能只和他聊固定的话题。毕竟，伴侣是你选择共度一生的人。

怎么办呢？

如果你的伴侣不太相信任何精神类的东西，那你在和他聊积极地对待金钱时，不妨多聊聊实际的那一面，少聊魔力之类的内容。不要再聊宇宙了，你要用他们的语言来交流你现在经历的事情。比如，我知道"显化"这个词对很多人来说，都颇具嬉皮士气息，而吸引力法则又显得空洞、模糊、不切实际。但是讨论积极拥抱机遇，或培养积极金钱观就不会引起太多抵触。有时候，你最好谈谈自己如何应对消极金钱观。

请记住，你的伴侣可能只是想保护你，带你远离他们觉得危险的事物，或者避免你可能会被利用。他们可能担心你沉迷于一股新热潮，或担心你头脑一热，浪费了毕生的积蓄，或者被伤害了情感，毕竟我们不想自己所爱的人经历一点儿失望与伤害。

向你的伴侣保证，你不会做任何丧失理智的事情！首先，你是个成年人，你可以处理好自己的期待；其次，你不用花一分钱，就能做完本书中的每件事（除去你最初买书的钱）。本书更多关注的是心态问题而不是消费问题。

有时候，你走在全新的、积极的道路上，而伴侣的消极观念或行为就会被放大。但请你不要去指责或羞辱自己伴侣消极的金钱行为。即使你注意到了，他们不一定也注意到自己消极的一面。如果你指出这一点，他们通常会感觉自己受到了攻击，而这绝对不是有效沟通的开端。

当我挑起话头时，喜欢先问问别人在什么金钱环境下生活，怎么长大的，他们小时候对金钱有什么感受，他们听到什么样的评论，他们父母如何对待金钱。即便不做其他什么事情，这个谈话也会帮助我们明白伴侣在金钱方面的"世界地图"。这会帮助我们理解对方的思维方式。许多上过我们在线课程的人说，这个课程推动了她们和自己的伴侣去聊金钱，否则他们永远也不会聊这个话题，并且他们因此更亲密了。

向你的伴侣寻求支持。不管伴侣是否赞同你现在所做的，你都可以向他们寻求支持。你要坦然地面对自己的感受。说出你的真实感受——或许你已经厌倦了入不敷出，你想为你们两人创造更美好的生活；又或许，你很想实现财务自由，这样你就不用依赖他了，也可以减轻他的财务负担。无论你感受到了什么，分享出来，向他寻求支持，帮助你前进。

让你生活中的变化为自己发声。我们经常会对自己正在尝试的事物感到兴奋，但是就像你和你的朋友一样，最开始的阶段可能充满了挑战，你会感觉自己很脆弱。人们会分享自己的观点，哪怕他们不是有意的，这也会产生很大的影响力。所以，如果你开始体验到了积极的金钱观，让它去发声。大多数时候，如果伴侣看到了你转变金钱观后发生的巨大变化——对有些人来说简直是翻天覆地的变化，他也会选择加入。如果你的伴侣也参与进来了，你将体验到最大的乐趣，收获最大的成效，因为你们一起把梦想付诸实践。一对情侣向对方敞开心扉谈论真实的金钱感受，并一起规划未来。这真是令人兴奋的事情。

不过,并不是每对情侣都可以做到,有时候,让你的伴侣参与进来(又或者是让他们接受你的旅程)就要花不少时间。耐心点吧。

例如,我丈夫总是支持我去做任何我想做的事并尊重我的思考方式,但是刚开始的时候,他也不太相信"显化"这套理论。开始重塑自己的金钱观后,我会和他分享,比如我在谈话中做了些什么,我被问了那些问题,我的回答是什么。我们会围绕在什么金钱环境中长大的话题进行长时间深入的交流。但是他不是很相信"我写下什么,随后它就发生了"这类的说法。但是后来随着这些现象不停出现,他也开始留意到这一点了。

如果家人不理解你

这和伴侣一样,你对待家人也不能是简单地"抛弃"就行。有时候我听说过,在金钱面前,最难应付的就是家人。我不想骗你,家人的确很"难缠"。

如果家庭成员不能接受你的新思维,你要尽可能地去换位思考。回想一下我们前面讨论过的固化和束缚。比如,你父母和祖父母是在什么样的金钱环境中长大的。如果他们的童年异常艰苦,他们可能真的不想讨论这些话题了。他们会担心你即将踏上的旅程最终会让你失望。

尽管他们是你的家人,养育了你,但是这并不妨碍他们将自己的恐惧和不安传给你。你尽量别往心里去。无论谁评判了你走的路,都会这样。如果人们变得刻薄或贬低你,或生拉硬拽要你离开正做得兴奋的事情，实际上，他们可能是在用一种奇怪的方式关注你。虽然类似的行为看起来充满了恶意，但本质是出于善意。这可能是他们受到伤害后的一种反应。这时，如果能对他们的处境表示同情，你会有不少收获。

别人是怎么渡过难关的

世上没有两片完全相同的树叶。你发现自己和周围的人相处得很好，这很棒呀！你甚至还发现，他们看到了你和金钱之间全新的积极关系后，也开始问你，他们要怎样才能踏上和你相似的旅程。

就算上述情况没有出现，听我讲讲那些上过我的在线课程的学生，他们怎样应对周围不支持他们改变的朋友、家人或伴侣，对你也很有启发。

我邀请我的学生分享以下一些经验。

刚开始的时候，我对那些抵触我改变的朋友很恼火，也对他们很失望，因为我原本还指望着他们会支持我成为令人兴奋的全新的自我。在显化的时候，我相信积极的能量，所以我尽全力避免和自怨自艾的人聊起这个话题，因为我不想影响自己的高调氛围。

什么时候事情完成了或快要完成了，我再告诉他们。这时，无论是我的感觉还是我显化的能力、保持快乐的能力，都不会因为他们没办法踏上旅程而受影响。

随着时间的推移，我对自己的旅程更加自信，感觉风险也更小了，我和部分朋友聊了聊，慢慢引导他们踏上同样的旅程。我觉得自己带着他们一起踏上旅程，一点一点地帮助他们走上正轨，既可以帮我维系这份友谊，又可以使我保持理智，专注成长。

斯米塔

我经常和其他人提起这个在线课程。大部分人都认为我疯了，认为我迟早要吃大亏，跌回尘土里，但是他们又的确喜欢看我去冒险。上了这门课后，我主要的收获是明白了要有条件地接受工作，要选择自己感兴趣的——该来的总是会来的。我父母很支持我，但是也很谨慎。他们害怕我的自主创业会失败。

今年，我用 6 个月时间赚的钱，只比去年用 1 年时间赚的钱少了几万英镑而已。只要我相信自己……我就觉得自己没问题。

埃米

我已经和几个朋友断绝往来了，因为我发现他们充满了消极能量，而且我一看到他们，就感觉自己精疲力竭。我不喜欢和他们在一起时的自己。从那以后，我变得自信满满，并吸引了更好的人进入我的生活。我很开心，不少朋友也加入了我。起初，他们还觉着我有点奇怪，但是他们承认，当他们看到我的变化以后，感觉自己更积极了。所以你看到了没，播撒出爱意就好了！

至于家庭，那完全是另一回事了。家人对金钱有很多根深蒂固的观念。我不仅很清楚地知道为什么自己过去会那样，也很清楚地知道了自己还有很大的改变空间。如果他们在消极地谈论金钱，那我会后退一步，试着一点一滴地传递积极情绪给他们。

布赖迪

我很肯定地感觉到，自己无意识地远离了那些心态消极的人。现在，我花了更多的时间和各方面都积极的人待在一起。我不是有意这样做，但是我注意到这些事情发生了。我和那些抱有消极心态的人待在一起时，总是会微笑着调整他们的想法，但我有时觉得这是一种拖累，也是一种能量消耗。所以我优先做的事情就是尽可能减少和他们的互动。

保护我自己及家人的能量是头等大事。妈妈告诉我，前几天她抱怨天气不好，我5岁的孩子纠正她说："下雨很好，雨水可以滋润植物生长！"我想她真的接受了积极的念头，这还是个小孩子告诉她的！所以我想，我们在旅途中最好不要完全拒绝他人，因为我们也可以教会他们如何积极转变。

丽贝卡

我丈夫为了取笑我，会利用我语言上的变化，故意积极地讨论金钱问题。虽然他认为这些东西有些迷信，但是实际上，他积极地鼓励了我（用取笑的方式）。慢慢地，他改变了谈论金钱和即将到来的财富的方式。

龙可

我认为，有不少人会难以理解这件事，所以当我遇到阻力时，我一点也不惊讶。我没有去阐释概念，相反我用实例指出积极的地方。我放弃高薪工作，辞职去创业，很多人都很担心我钱不够用。所以，我拒绝和他们谈钱。相反，我展示给他们看，我怎样保持心理健康，怎样缓解了压力，怎样做到如此开心！然后，人们开始跟我一起改变。积极会感染他人。现在他们看到，我所赚到的财富可能只是我所做的事情(就现在而言)的一小部分,但是我的生活方式已经改善了。

纳特

我发现我的另一半并不喜欢精神方面的东西,但是这并不意味着我不会去讨论精神方面的东西。他听了一则播客信息,说的是拳击手战斗前会提高自己的情绪频率!所以,我知道,他至少在某些方面已经启程了。

维多利亚

不论是谁赞同或不赞同你的新观点,请记住,他针对的都不是你个人。如果你想和某人聊聊,或和他一起去讨论积极的金钱观,但是那人并不接受,你要记牢了,不要再和那人做类似的事。你很快就能吸引和你有着相似想法的人,他们也想要就金钱展开具有开放性的谈话,并让彼此承担起责任来保持高调氛围。

我们在社交媒体上为学生创建了一个私人聊天群,我很高兴看到学生们加入群聊,分享他们经历过的奇妙而又激动人心的事情。有些人说,他们唯独在这里能够分享自己经历过的美好,感到安全和舒适,因为他们知道,其他成员不会认为他们在吹牛或炫耀。这里处处是支持:听不完的祝贺,并且整个聊天群的人都为别人的好运真心高兴和兴奋。想象一下,如果你身边就围着这么一圈人,你要是遇见了大喜事,想都不用想,就可以直接与他们分享全部的自豪感、激动和喜悦。那么,你改变心态的速度能快多少?现实生活中,很多人习惯模糊自己的胜利——你知道的,就是这整套"老掉牙"的说法。我们害怕被认为是喜欢自吹自擂的人，被认为是在故意羞辱别人。我很悲哀，我们现在已经到了这种地步——因为害怕别人的感受，都不敢庆祝自己有了好运。

请记住，你并不能控制别人因为自身情况而形成的感觉。不要因为担心别人的反应就阻止自己享受美好。

别人的反应和你无关。

你只要保持高调氛围和积极心态就好。

> **练习**
>
> 在生活中，你认为谁拥有积极的金钱观，谁能够激励你继续前进？列一张清单，写下他们的名字。和他们敞开心扉，聊聊对金钱的感受。

后 记
金钱滚滚而来

当我告诉别人我准备写一本关于钱的书时，很多人都以为我写的是理财指南，教别人怎么存钱，怎么利用利率，或如何谈判加薪。你很熟悉这套东西了："别买拿铁了，省点钱吧。或许20年后你就能买房子了。"我并不是否认这种方法，毕竟对有些人来说，这很有用。

但是我关注的是让你多赚钱，而不是少花钱。

我个人认为，制定预算、减少娱乐支出、节衣缩食等，都不属于高调氛围。我考虑的重点是保持自己待在高调氛围内！

这和许多人学过的背道而驰。我们被教导不能纵情玩乐，不能纵容自己为喜好花钱；我们被教导要少出门，少花钱，选便宜的东西；我们被教导一分钱要掰成两半用。

但是，这些教导很可能会让我们情绪低落。我希望你在读完这本书后能意识到，只要能保持快乐、积极、对金钱感觉良好的心态，自己就能吸引更多的人和资源。

这并不是要你挥霍或超前消费。这是要你避免对钱感到沮丧，要你即便身处绝境也要寻找希望，要你培养坚强的心态，相信自我，最重要的是——相信一切皆有可能。

这会给你希望。

因为希望会带来兴奋，而兴奋是吸引金钱最强烈的情感，就像兴奋剂一样。

无论你想做什么来点燃兴奋——你内心深处也好，直觉上也罢，只要觉得这是好的——你就去做吧。

赚钱看起来是种客观存在，也有迹可循，但是我的实际经验是：真正决定你能有多少钱的，其实是背后的感情和心态。

我再说一遍：

想要赚钱，你先要成为能赚钱的人。

能赚钱的人相信自己，了解自己的价值。他们相信事情总会解决，相信自己能从每件事中学到积极的经验，他们知道无论自己现在什么样，未来都注定会成功。

富有是一种心态。

如果你正在读本书，但还是不相信自己会成为能赚钱的人，好吧，我告诉你，你可以。你确定、肯定，以及一定可以。它会奏效的，只要你停止怀疑，选择信任，然后去迎接可能等待着你的东西。

张开双手吧，去迎接一切出现在你身边的金钱与机遇。你不用管它的出现方式有多怪异，多神奇。你不知道会发生什么，我也不知道。我们倾向于认为自己可以控制住每一笔金钱的流动。但是万一金钱有自己的能量呢？万一金钱能够自己流动，流向它认为有吸引力的地方呢？

我想分享给你们一句话。我凭借着这句话走过了最艰难的时期，度过了最焦虑不安、最低落的岁月。这句话是幽暗岁月的救命良方，我屡试不爽。

　　这句话能带给你希望和积极。它期待最好事情的来临。

　　请带上这句话再开始你的旅程。

　　即便你感觉它没什么意义，也请你对自己轻声念出它；如果金钱开始出现在你身边，请你大声、响亮、满怀激情地喊出它。

　　这句话是：

　　金钱就要滚滚而来了！